超实用的日本史

[日]后藤武士 —— 著

舒静敏 —— 译

九州出版社
JIUZHOUPRESS

序言——为何如今大家都想学习日本史

2006 年，笔者的一本小书问世，名为《说说日本这点事儿》。在当时的日本国语热潮中，日本史不过是面向爱好者的小众读物，但即便如此，笔者还是鼓起勇气出版了此书。究其原因，是忧心日本深陷全球化滥觞、自虐国家观横行的现状。若这种自虐是建立在充分了解的基础上也就罢了，可人们往往是在对日本的历史地理与风土人情还一无所知时，就一边倒地大赞"外国月亮实在圆"。不得不说，这令人嗅到一丝危机的味道。

后来，事情忽然发生了巨大转折。从插图版日本史大获成功开始，拙作《说说日本这点事儿》，甚至以前的老版教科书都变得畅销起来。街头巷尾开始出现自称"历女"的女性历史迷，战国题材的格斗游戏、以日本史杂学为主题的综艺节目接连登场，人们对日本史的热情也随之高涨。从前被认为琐碎无聊的历史小故事成功赢得了人们的心，变得家喻户晓。许多人重新建立起了对本国历史的自豪感。

不过，对于喜欢寻求集体认同的日本人来说，矫枉过正也是常有的事。在中国与东南亚诸国崛起的情形下，很多因少子高龄化、社会制度弊端难除、贫富差距扩大而对社会现状感到失望的日本人，都将失去的信心转而投诸历史之上。过度反自虐便是自我膨胀，情绪化浪潮从完全相反的方向又一次掀翻了日本。然而，本质其实是一样的。日本史热潮和要求将英语作为"第二国语"的运动没什么不同，不过就是把对现状的不满和不安转移到别的时间，抑或是别的空间罢了，并没有改变任何问题，也无法改变任何问题。

如今我们真正应该做的，或许是再一次重新审视日本史，比照别国，发现其中独特的规律，搞清楚其中的因果联系，比如做了什么会导致什么后果，演变为何种事态。除了国家，民间组织和普通人的人生同样能从其中获得助益。

本书隶属"图解系列"，该系列是以"以图解一目了然""一本书弄懂事情全貌""学习对现代生活有用的知识"为宗旨策划的。虽然执笔通史的任务颇为沉重，但若成功编写出满足上述理念的读物，或许能有助现在许多人获得既不自虐也不自我膨胀的历史观。笔者正是以这样的想法，不断鞭策自己写作，历经一年光阴，得此小书。如果能对诸位读者和日本的未来有些许助益，笔者亦不胜荣幸。

2016年3月

目　录

序言 ⋯⋯⋯⋯⋯⋯⋯⋯⋯⋯⋯⋯⋯⋯⋯⋯⋯⋯⋯⋯⋯⋯ 001

Chapter
1 ［古代］日本的缘起与贵族政治

〔史前时代〕　　日本列岛的形成⋯⋯⋯⋯⋯⋯⋯⋯⋯⋯⋯⋯⋯ 010
　　　　　　　　旧石器时代⋯⋯⋯⋯⋯⋯⋯⋯⋯⋯⋯⋯⋯⋯⋯ 012
〔绳文时代〕　　颠覆既有常识的绳文时代⋯⋯⋯⋯⋯⋯⋯⋯ 014
〔弥生时代〕　　水稻栽培的普及和金属器的传播⋯⋯⋯⋯⋯ 016
　　　　　　　　邪马台国与倭国大乱⋯⋯⋯⋯⋯⋯⋯⋯⋯⋯ 018
〔古坟时代〕　　大和政权的建立与倭五王⋯⋯⋯⋯⋯⋯⋯⋯ 020
〔飞鸟时代〕　　佛教公传和崇佛论争⋯⋯⋯⋯⋯⋯⋯⋯⋯⋯ 022
　　　　　　　　圣德太子治世⋯⋯⋯⋯⋯⋯⋯⋯⋯⋯⋯⋯⋯ 024
　　　　　　　　乙巳之变与大化改新⋯⋯⋯⋯⋯⋯⋯⋯⋯⋯ 026
　　　　　　　　白村江战役⋯⋯⋯⋯⋯⋯⋯⋯⋯⋯⋯⋯⋯⋯ 028
　　　　　　　　壬申之乱与天武朝的开始⋯⋯⋯⋯⋯⋯⋯⋯ 030
〔奈良时代〕　　平城京与长屋王之变⋯⋯⋯⋯⋯⋯⋯⋯⋯⋯ 032
　　　　　　　　镇护国家与天平文化的兴起⋯⋯⋯⋯⋯⋯⋯ 034
〔平安时代〕　　从天武朝到天智朝⋯⋯⋯⋯⋯⋯⋯⋯⋯⋯⋯ 036
　　　　　　　　桓武天皇和平安京⋯⋯⋯⋯⋯⋯⋯⋯⋯⋯⋯ 038
　　　　　　　　两个朝廷和两统迭立⋯⋯⋯⋯⋯⋯⋯⋯⋯⋯ 040
　　　　　　　　藤原氏对其他家族的排挤⋯⋯⋯⋯⋯⋯⋯⋯ 042
　　　　　　　　摄关政治的巅峰⋯⋯⋯⋯⋯⋯⋯⋯⋯⋯⋯⋯ 044
　　　　　　　　国风文化与净土信仰⋯⋯⋯⋯⋯⋯⋯⋯⋯⋯ 046
　　　　　　　　武士的兴起⋯⋯⋯⋯⋯⋯⋯⋯⋯⋯⋯⋯⋯⋯ 048
　　　　　　　　院政政治的开始⋯⋯⋯⋯⋯⋯⋯⋯⋯⋯⋯⋯ 050

Chapter

2 ［中世］ 武家的崛起和封建制度

（平安时代）　保元之乱和平治之乱·····················054

平清盛和最初的武家政权·················056

源平合战·····························058

（镰仓时代）　源赖朝与镰仓幕府·······················060

北条氏的执权政治·····················062

承久之乱·····························064

《御成败式目》与得宗专制体制的确立·······066

元寇和镰仓幕府的崩溃·················068

镰仓文化与镰仓新佛教·················070

镰仓幕府的覆灭·······················072

（南北朝时代）建武新政·····························074

南北朝的对立与室町幕府的开始···········076

（室町时代）　本应成为太上皇的男人·················078

万人恐惧·····························080

应仁·文明之乱·······················082

接连发生的自治运动···················084

公家、武家、禅宗的融合···············086

Chapter

3 ［近世］ 武家建立的统一政权

（战国时代）　火器和基督教的传入·····················090

战国大名登场·························092

细川政权和三好政权···················094

织田信长的崛起·······················096

信长的政策···························098

（安土桃山时代）非同寻常的飞黄腾达之路···············100

秀吉的伟业……………………102

关原之战……………………104

〔江户时代〕　江户幕府的诞生……………………106

元和偃武……………………108

家光的武人独裁……………………110

转向文治主义……………………112

元禄文化和产业的发展……………………114

新井白石和正德之治……………………116

吉宗和享保改革……………………118

过早现身的重商主义者……………………120

松平定信和宽政改革……………………122

水野忠邦与天保改革……………………124

江户时代璀璨的化政文化……………………126

Chapter

4 ［近代］幕末与明治维新

〔幕末〕　佩里来航和打开国门……………………130

井伊直弼上台与将军继嗣问题……………………132

樱田门外之变与公武合体……………………134

岛津久光上京与文久改革……………………136

动荡的京都……………………138

长州的逆袭……………………140

大政奉还……………………142

戊辰战争……………………144

〔明治时代〕　明治政府的体制与人事……………………146

中央集权与文明开化……………………148

富国强兵与近代化的推进……………………150

开拓北海道与琉球问题……………………152

征韩论与明治六年政变……………………154

民选议院设立建白书与愤怒士族的叛乱……………………156

自由民权运动和开设国会的气氛高涨……………………158

内阁制度和《大日本帝国宪法》·······160
陆奥宗光与领事裁判权的废除·······162
中日甲午战争·······164
三国干涉和将俄国假想敌化·······166
日俄战争·······168
（明治—大正时代） 变化的东亚·······170

Chapter

5 ［近代］ 两次世界大战

（大正时代） 第一次世界大战与"二十一条"·······174
国际联盟成立·······176
社会主义的寒冬与大正民主运动·······178
萧条与灾害，宪政的常见剧本·······180
（昭和时代） 世界性恐慌与日趋激烈的恐怖活动·······182
从"九一八事变"开始被孤立·······184
言论封杀·······186
东京奥运会的泡影与侵华战争·······188
国家总动员体制的确立·······190
太平洋战争爆发·······192
中途岛海战·······194
战败·······196

Chapter

6 ［现代］ 跨越战争与灾害

（昭和时代） 《日本国宪法》的制定和战后民主主义·······200
朝鲜战争和掉头行驶·······202
经济快速发展与加入联合国·······204

现已非战后·······206

"现代太阁" 田中角荣之功过·······208

（昭和—平成时代）
（平成时代）

从贸易摩擦到泡沫经济破裂·······210

步入长期萧条·······212

萧条的长期化·······214

小泉旋风和贫富不均社会的开始·······216

政权更迭与失望·······218

出版后记·······220

Chapter

1

古代

日本的缘起与
贵族政治

旧石器时代	公元前 11000 年以前	岩宿有人类活动..	012
绳文时代	公元前 11000 年	绳文时代开始..	014
	前 3000 年	三内丸山有绳文人居住..	014
弥生时代	前 400 年	弥生时代开始..	016
	150 年	关于邪马台国的记录出现......................................	018
古坟时代	250 年	古坟时代开始。大和政权成立？................................	020
	421 年	倭王赞向南朝宋称臣朝贡......................................	020
	538 年	官方正式引入佛教..	022
	587 年	苏我马子、圣德太子（厩户王）等灭物部守屋....................	022
飞鸟时代	592 年	推古天皇即位..	022
	603 年	颁定冠位十二阶..	024
	607 年	小野妹子使隋..	024
	621 年	圣德太子辞世（也有次年一说）................................	026
	645 年	乙巳之变，迁都难波宫..	026
	646 年	发布改新之诏..	026
	663 年	白村江之战..	028
	672 年	壬申之乱..	030
	694 年	迁都藤原京..	030
奈良时代	710 年	迁都平城京..	032
	724 年	圣武天皇即位..	032
	752 年	东大寺大佛开眼..	034
平安时代	794 年	迁都平安京..	038
	797 年	坂上田村麻吕任征夷大将军....................................	038
	806 年	空海创立真言宗..	038
	824 年	承和之变..	040
	866 年	应天门之变..	042
	894 年	废止遣唐使制度..	046
	901 年	菅原道真左迁至大宰府..	046
	939 年	平将门之乱..	048
	969 年	安和之变..	044
	1001 年	源氏物语的第一部分写成......................................	046

　　此前，日本被认为不存在旧石器时代，但这一观点因一位青年的发现而被推翻。弥生时代，小国并立，至邪马台国女王卑弥呼时形成联合。最终，以如今的奈良县一带为据点，大和政权统一了日本诸国，建立了以天皇为中心的国家。

（史前时代）

日本列岛的形成

日本曾经是大陆的一部分，但在约1万年前与中国和朝鲜半岛分离，隔海相望。这一说远不远、说近不近的绝妙距离，给日本带来了数不清的好处。

约1万年前，日本与亚洲大陆分离。倘若日本列岛一直与大陆相连，恐怕就不会形成不同于中国及朝、韩两国的独特的历史文化，更不会有日本这一国家的诞生。

与陆地相比，岛屿的防御性更强，也更容易形成独特的文化。如果距离先进文明太远的话，会被世界文明的发展抛弃。但话又说回来，若与大陆之间的海峡过于狭窄，即便是隔着海也容易沦为被侵略的对象。特别是在古代，一旦得到风或潮水的助力，海上将比陆地更容易运送大量的兵力或物资。

地中海的西西里岛（现属意大利），至意大利半岛的最短距离不到3千米；组成英国的不列颠岛，与位于欧洲大陆上的法国隔多佛尔海峡相望，最窄处仅有34千米。这两个地方历史上都曾多次处于他国王朝的统治之下。对于维持本国独立而言，这些距离都太短了。

反观日本，从朝鲜半岛到长崎县的对马，最短距离约为50千米，从对马到九州本土的最短距离则为80千米。这真是绝妙的距离啊。既不像西西里岛和不列颠岛那样靠得太近，又在古代较为原始的船舶可以往来的范围之内。既可以同当时文明正在不断发展的中国进行贸易，又不必担心因距离过近，对方可以"当天往返"，随意入侵。可以说，正是由于与大陆之间的绝妙距离，才使得日本历史成了今日的模样。

［打制石器和磨制石器］

朝鲜半岛距对马的最短距离约为 50 千米，对马距九州则约为 80 千米。日本列岛与亚洲大陆间的距离是如此绝妙，既没有短到能说返回就返回，也没有长到难以和文明发达的中国维持贸易。

相比之下，欧洲的西西里岛和大陆之间的最短距离不到 3 千米，不列颠岛则约为 34 千米。距离过短，让这两处地方容易落入别国之手，难以独立。

本书插图地图系原文插图地图。

（史前时代）

旧石器时代——岩宿遗迹的发现

一位认真的业余考古爱好者证明了旧石器时代日本已经有人类活动。这一历史性的发现与学院派无关。

　　日本曾被认为不存在旧石器时代，而改写这一历史的是相泽忠洋。相泽自少年时便开始做小买卖，因为经济原因上不了大学。尽管条件恶劣，他对古代史的热情却不减半分，一边发奋自学，一边不断进行考古发掘。1946年，他在群马县的岩宿发现了打制石器的碎片，证实了日本存在旧石器时代。这真是历史性的大发现啊！

　　然而，由于相泽是个非史学科班出身的业余人士，即便有了大发现，也无法成为定论。他未能获得应有的荣光和称赞。

　　后来，相泽的功绩终于获得了人们的认可。不过，比起"发现了什么"，更看重"谁发现的"这一倾向直到今天依然存在。考古发现的偶然性很强，与通过经验和理论进行判断和分析的事有着本质的不同。历史上的未解之谜极多，而在完全没有考虑宅地动迁、道路施工、地壳变动等因素的情况下就得到重大发现的也不在少数，所以重现"发现了什么"才是历史研究的根本。当然，考古发现终究离不开专业人士的慧眼，所以"谁发现的"也有其意义所在。

　　专业人士的火眼金睛与业余爱好者的想象力和热情，当两者一拍即合之时，历史便以最接近真相的形态出现了。

［打制石器和磨制石器］

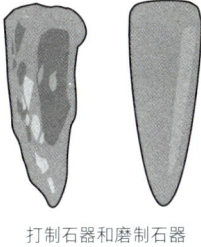

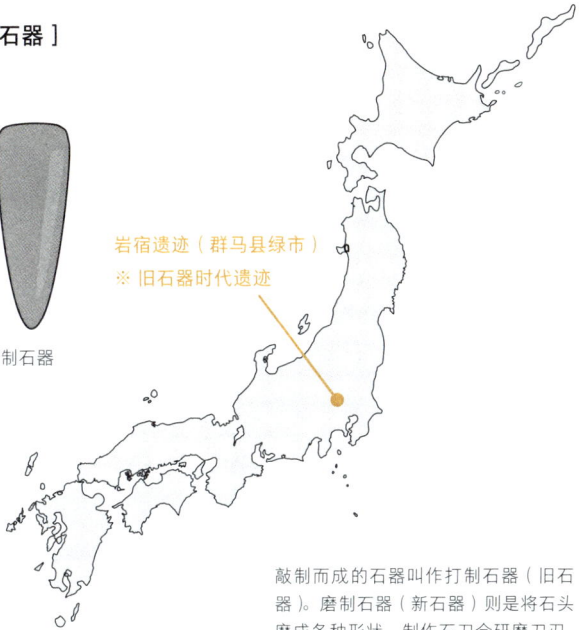

打制石器和磨制石器

岩宿遗迹（群马县绿市）
※ 旧石器时代遗迹

敲制而成的石器叫作打制石器（旧石器）。磨制石器（新石器）则是将石头磨成各种形状。制作石刀会研磨刀刃，使其锋利。

［解开历史真相的过程］

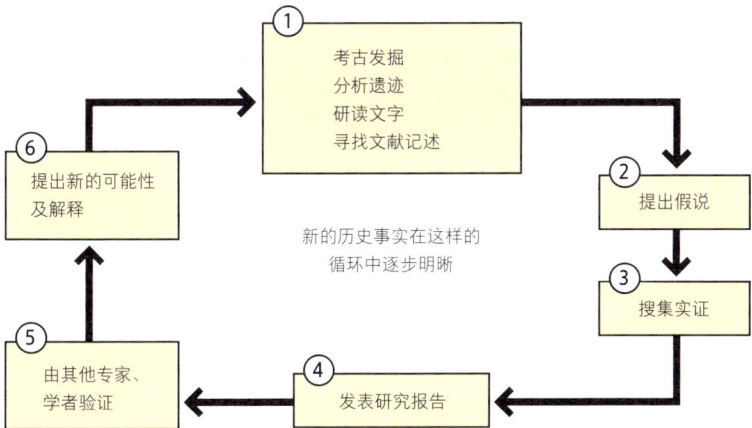

① 考古发掘
分析遗迹
研读文字
寻找文献记述

② 提出假说

③ 搜集实证

④ 发表研究报告

⑤ 由其他专家、学者验证

⑥ 提出新的可能性及解释

新的历史事实在这样的循环中逐步明晰

（绳文时代）

颠覆既有常识的绳文时代

长得惊人的绳文时代。狩猎、采集、四处迁徙曾被认为是绳文时代人类的主要生活方式，但如今，这一"常识"早已被颠覆。

为了便于区分，时代多以当时统治该地的国家或王朝的名称来命名。然而，日本自有历史开始，从未被别国吞并过，官方的说法中也不存在改朝换代，所以各时代多由当时政治中心的所在地命名。而在统一政权出现之前，时代的名称通常源于当时的文明里最具代表性的器物或建筑的名字。

绳文时代，因当时的人们制作绳纹图案的陶器而得名。这是一个漫长的时代。耶稣基督诞生至今约有2000余年，而绳文时代有其5倍以上长。可见文明的进步并不是匀速的，而是时快时慢的变速发展。

关于这个时代的认知，正在接连被颠覆。从前认为，这个时代的人以狩猎和采集为生，几乎没有耕种稻米等种植业，人与人之间没有贫富之分和地位之别，所有人都四处迁徙，居无定所。但如今在青森县境内的三内丸山遗迹发掘出了新的绳文雕像。我们将用于研究当时的生活情况的材料称为"贝冢"，也就是那时的垃圾场。日本境内最早的贝冢是美国人莫斯在1877年发现的大森贝冢。幼儿时代的日本是被一个外国人发掘出来的，真是件饶有趣味的事。

绳文陶偶说不定是21世纪日本各类吉祥物的始祖。它和火焰型土器一样缺乏实用性，但其设计理念之出色，即使拿到现在也毫不逊色。

[绳文陶器]

绳文时代　年表

草创期　（约16000—11000年前）
早期　　（约11000—7200年前）
前期　　（约7200—5500年前）
中期　　（约5500—4700年前）
后期　　（约4700—3400年前）
晚期　　（约3400年前）

从绳文时代前期开始做了很多，各种形状和功能的都有。马高遗迹（新潟县长冈市）出土的火焰型土器是绳文时代中期的作品。

[土偶]

据考可能有祈愿丰收、下咒或祈愿早日康复等用途。

[绳文时代的代表性遗迹]

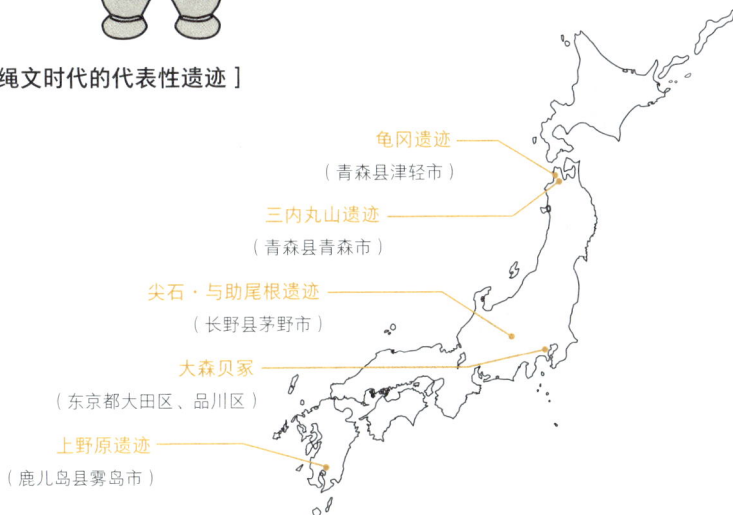

龟冈遗迹
（青森县津轻市）

三内丸山遗迹
（青森县青森市）

尖石·与助尾根遗迹
（长野县茅野市）

大森贝冢
（东京都大田区、品川区）

上野原遗迹
（鹿儿岛县雾岛市）

（弥生时代）

水稻栽培的普及和金属器的传播

经过无比漫长的岁月，日本终于告别绳文时代，来到了弥生时代。粮食和金属——财产所到之处，便有了尊卑贵贱之分，争斗随之而来。

公元前3世纪至公元3世纪是弥生时代。这个名字来源于在东京都弥生町发现的一种和绳文陶器完全不同的新陶器——弥生土器。与质地厚重易碎的绳文陶器相比，弥生陶器虽然较薄，却更坚硬；其器型也更加规整，不若绳文陶器那样有趣。这是更加注重实用性的体现。

关于弥生人，通行的说法是他们来自大陆，同化或驱赶了本土的绳文人，取而代之。

同时，长久以来弥生人还被认为带来了水稻种植技术、贫富贵贱的身份差别和定居的生活方式。但近来研究发现，上述文明表现也可以追溯到绳文时代。

稻谷被储存起来，成为财产。在机械耕种技术出现之前，种植水稻，特别是水稻灌溉，既需要共同劳动，又需要预测天气的能力。经验很容易被人们误认为巫术，于是开始出现拥有宗教权威的头领。不难推测，这导致了人们的身份差距越来越大。

另一件大事是金属器的引入。最初登场的是祭祀用的青铜器，其后是更实用的铁器。拥有金属器的人，无论从实用还是衬托身份的角度来说，都要远远优于没有的人，于是围绕着金属的争斗也闪亮登场。除金属器外，石制和木制的农具同样得到广泛运用，大大提高了农业技术水平。这一时代的代表性遗迹是佐贺县的吉野里遗迹。那里有规模庞大的环濠（四面壕沟）村落遗迹，其中的高床仓库等已被复原，静静地讲述着当年的岁月。

[绳文陶器和弥生陶器]

弥生陶器（右）比绳文陶器（左）胎质更薄更硬，花纹也少一些。器具种类繁多，有用于烹饪的、储物的、吃饭的等。

[弥生时代的金属器]

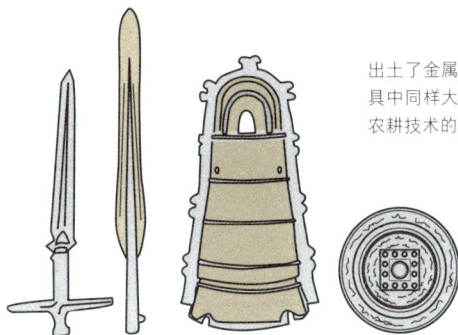

出土了金属武器和铜铎等物。农具中同样大量运用金属，推动了农耕技术的发展。

[弥生时代的代表性遗迹]

登吕遗迹
（静冈县静冈市）

缠向遗迹
（奈良县樱井市）

唐古·键遗迹
（奈良县田原本町）

荒神谷遗迹
（岛根县出云市）

板付遗迹
（福冈县福冈市）

吉野里遗迹
（佐贺县吉野里町）

（弥生时代）

邪马台国与倭国大乱

彼时，日本尚无文字。中国的史书记录了当时日本的情形。倭国大乱、女王卑弥呼、邪马台国的崛起……皆为往昔那壮阔诗篇中潜藏着的谜团。

公元1世纪左右，日本各地的村落之间开始互相兼并吸收，并出现了"国家"。根据中国的史书，可以确认当中有些国家已经和中国有交往。并且，其中有国家为取得统治的正统性和权威性，选择向中国称臣。

与之相关的最古老的记录，来自公元前2世纪至公元1世纪的汉代所著的《汉书·地理志》。书中以"倭人"称呼日本人，记载其"分为百余国散居各地"。

汉光武帝曾赐金印"汉委奴国王"给"奴国"。这方金印出土于福冈的志贺岛，由此可以肯定福冈一带确实曾存在名为"奴国"的国家。

《后汉书·东夷传》关于奴国的记载提到，当时倭国内乱，分裂为许多国家，相互征伐不断，后来，各国共推卑弥呼为女王。这就是被称为"倭国大乱"的内战。卑弥呼女王所统治的这一诸国联合体的核心，被称为"邪马台国"。这位女王同样见于其他中国史书，在《三国志·魏志·倭人传》中，记载魏明帝曾赐金印及"亲魏倭王"的称号给卑弥呼。关于邪马台国的所在地，有北九州说、畿内说、迁移说等。再加上它同后世的大和政权的关系，给后人留下了巨大的谜团。

［邪马台国］

《魏志·倭人传》的记载：

从带方郡前往倭国，要先向东走海路 7000 余里，到狗邪韩国。再走 1000 余里海路，到对马国。再向南走 1000 余里海路，到一支。再走 1000 多里海路，到末卢国。往东南方向走 500 余里陆路，到伊都国。继续向东南走 100 里地，到奴国。再向东走 100 里地，到不弥国。再往南走 20 天水路，到投马国。继续往南走 10 天水路兼 1 个月陆路，可到达女王的国都邪马台。（摘要）

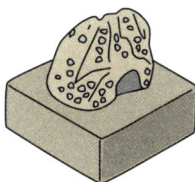

史书记载，邪马台国女王卑弥呼从魏帝那里接受了"亲魏倭王"的称号及金印。

邪马台国所在地猜测

畿内说

北九州说

如果完全照着《魏志·倭人传》的记载按图索骥，邪马台国就得掉进九州以南的海里去了。若以方位论，邪马台国该在九州的北部，但若更重视距离的话，畿内的说法似更为有力。

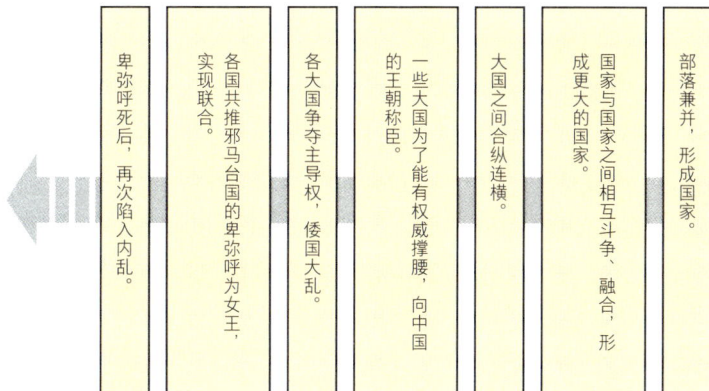

卑弥呼死后，再次陷入内乱。

各国共推邪马台国的卑弥呼为女王，实现联合。

各大国争夺主导权，倭国大乱。

一些大国为了能有权威撑腰，向中国的王朝称臣。

大国之间合纵连横。

国家与国家之间相互斗争、融合，形成更大的国家。

部落兼并，形成国家。

（古坟时代）

大和政权的建立与倭五王——古坟文化

空白的4世纪之后，历史长河直接从邪马台国跳到了大和政权。这究竟是两个不同的国家，还是同一政权的东迁呢？或许，古坟能告诉我们答案。

中国在三国之后，迎来了空前分裂混乱的五胡十六国时代，因此未能留下关于公元4世纪时日本的任何记载。日本史上称4世纪为"空白的4世纪"。之后，4世纪末5世纪初，朝鲜好太王的碑文上出现了日本出兵朝鲜半岛遭其击败的记录。由此可以推出，当时日本存在着强大到足以对外征伐的政权。

这个时代最有代表性的遗迹要数巨大的古坟了。其中，造型犹如锁孔的前方后圆坟可谓别具一格。日本之外，就只在朝鲜半岛出现过。如此巨大的古坟，证明当时存在着具有强大动员力的政权。被称为大和政权或大和朝廷的这个政治主体，与邪马台国究竟是什么关系，至今也不清楚。到底是否是同一个政权，就现状来看，只能任由各自想象了。

古坟周围，经常可见一种素陶土偶，叫作埴轮。据说，这些人或马造型的土偶是替代殉葬者服侍墓主用的，但此类说法也并非定论。

大和政权的君主称"大王"，以大王为中心，构成贵族联合政权。一般认为，这一政权同当今日本皇室有某种联系。

公元5世纪的中国史书《宋书·倭国传》记载，当时曾有"倭之五王"向南朝宋进献贡品。但这"倭之五王"到底对应哪五个大王，至今仍存有争议。

［古坟的类型］

圆坟

方坟

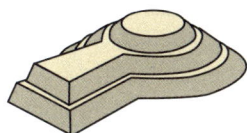

前方后圆坟

前方后圆坟出现于公元3世纪，后来广布全国。一般认为，这是大和朝廷统治下的各地豪族均接受了共同文化所致。

［埴轮］

在古坟周围排排坐。除人、马造型外，还有圆形的圆筒埴轮。

［大和政权和邪马台国］

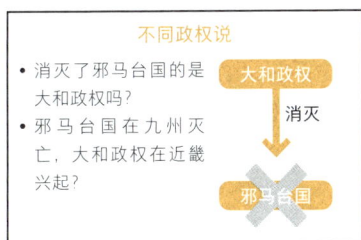

不同政权说

- 消灭了邪马台国的是大和政权吗？
- 邪马台国在九州灭亡，大和政权在近畿兴起？

大和政权 → 消灭 → 邪马台国

同一政权说

- 邪马台国吞并了其他豪族或国家，发展为大和政权？（"邪马台国九州说"提出，是邪马台国后东迁至近畿。）

邪马台国 → 发展 → 大和政权

［倭五王］

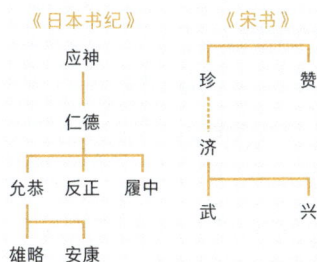

《日本书纪》

应神
仁德
允恭　反正　履中
雄略　安康

《宋书》

珍　　　赞
济
武　　　兴

比照《宋书》和《日本书纪》，可推测出济应是允恭天皇，兴应是安康天皇，武应是雄略天皇。赞和珍两人尚不明。

（飞鸟时代）

佛教公传和崇佛论争——苏我系三头政治的确立

538年，作为异国宗教的佛教正式传入日本。围绕佛教，苏我氏与物部氏产生了对立。借此机会，苏我氏夺得了政权。

虽然在此之前民间早有佛教活动，但正式传入日本，应该是在538年由百济的圣明王传入的。当时，已经拥有了"八百万神灵"这一本土宗教信仰的日本，围绕如何应对佛教这个异国宗教，发生了分裂。朝廷里掌管宗教祭祀事务的物部氏和中臣氏反对引入佛教，而物部氏的政敌苏我氏则是积极的崇佛派。双方产生了激烈对立，爆发了"崇佛论争"。

苏我马子最终述诸武力，于587年率大军击败了大连物部守屋。此后苏我氏便成了朝廷的核心人物，在明日香地方（今奈良县中部）建立了飞鸟寺，并以佛教为治国纲领，将政治中心由南河移到了飞鸟。此后便是圣德太子大展身手的时代，又经大化改新到天智天皇统治时期。这段时间被称为飞鸟时代。

拥有苏我氏血脉的用明天皇驾崩后，同样是苏我氏血脉的崇峻天皇登基。崇峻天皇试图摆脱苏我氏的控制，谋求独立。苏我马子竟唆使东汉驹暗杀天皇。天皇被害后，马子拥立外甥女额田部皇女为天皇。额田部皇女是苏我马子的姐姐苏我坚盐媛与第29代天皇（钦明天皇）的女儿，同时也是第30代敏达天皇的皇后。推古天皇是官方承认的第一位女天皇。为了缓解女性当政可能带来的不满或不安情绪，苏我马子又令同属苏马氏血脉的厩户王辅佐女天皇。厩户王就是后来大家熟知的圣德太子。这样，由苏我马子、推古天皇、圣德太子构成的"苏我系三头政治"拉开了帷幕。

［天皇家与苏我氏］

凭借同天皇家的姻亲关系，苏我氏获得了凌驾于物部氏、中臣氏等其他豪族之上的权力。

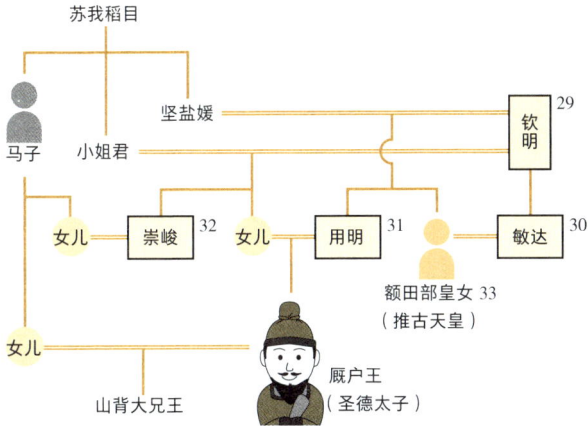

苏我稲目

马子　小姐君　坚盐媛　钦明 29

女儿　崇峻 32　女儿　用明 31　敏达 30

额田部皇女 33
（推古天皇）

女儿

山背大兄王

厩户王
（圣德太子）

※ 阿拉伯数字代表第XX代天皇（以下同）

［苏我氏和物部氏的对立］

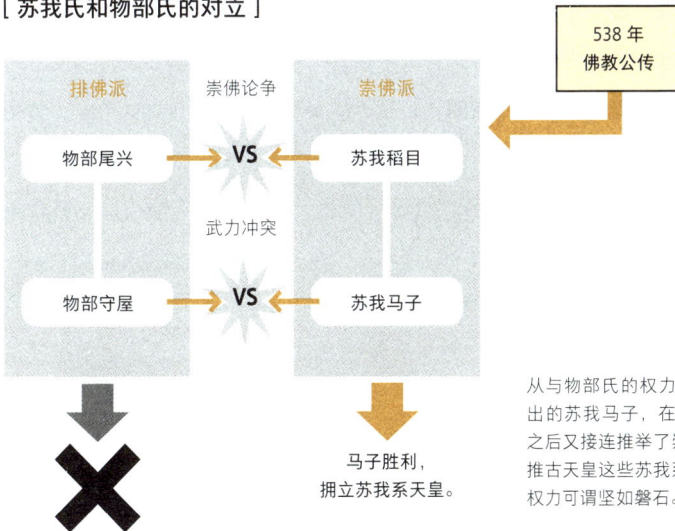

538 年
佛教公传

排佛派　崇佛论争　崇佛派

物部尾兴　VS　苏我稲目

武力冲突

物部守屋　VS　苏我马子

✕

马子胜利，
拥立苏我系天皇。

从与物部氏的权力斗争中胜出的苏我马子，在用明天皇之后又接连推举了崇峻天皇、推古天皇这些苏我系的天皇，权力可谓坚如磐石。

(飞鸟时代)

圣德太子治世

尽管获得权力的经过有令人质疑之处，但苏我系三头政治的政策，无论内政外交，均属当时具有划时代意义的上佳之策。

在苏我系三头政治中，苏我马子负责军事，推古天皇负责撑起权威，而被后世称为"圣德太子"的厩户王，则凭借自己的能力和声望，巧妙地启用年轻有实力的官吏，负责行政工作。苏我系三头政治虽然在取得权力的过程中有争议，但治国之策上无论内外，均取得了良好的成绩。

603年，冠位十二阶制颁布。这是仿效中国，将原本世袭的人才录用制度，改为不可世袭的官员录用制度。这一理念虽然并未立即落地生根，但将其制度化已经是很大的进步了。次年则制定了十七条宪法（也有后世制定的说法），将朝廷官吏应该遵守的规矩白纸黑字地整理好，严禁官僚私斗，并开始从官方层面推崇佛教。

此时的中国，时隔300年后再次建立了统一王朝：隋。其他国家（日本）派往隋朝的使节叫作遣隋使。这方面最早的记录出现在600年。其中特别值得一提的是，607年小野妹子向隋炀帝递交国书，要求与隋朝建立平等的外交关系。虽然部分也受惠于隋朝外敌众多的实情，但能够在不加入中国的朝贡体系的情况下与之建立外交关系，仍是值得称道的。

受佛教的影响，在政治中心的飞鸟一带，开出了飞鸟文化这朵拥有国际色彩的佛教文化花朵。这里有重建后依然是世界上最古老木造建筑的法隆寺。此外，释迦三尊像、百济观音像等佛像，以及被定为国宝的工艺品——玉虫厨子，都是称得上精妙绝伦的文化杰作。

[苏我系三头政治]

苏我马子 —— 军事

推古天皇 —— 权威合法性

厩户王（圣德太子） —— 行政实务

圣德太子理政时施行的政策

603年	制定冠位十二阶
604年	制定十七条宪法
607年	派遣遣隋使

派小野妹子使隋，同隋炀帝建立了近乎平等的外交关系

[冠位十二阶]

冠位	位阶名	冠色	冠位	位阶名	冠色	冠位	位阶名	冠色
1	大德	紫	5	大礼	赤	9	大义	白
2	小德	紫	6	小礼	赤	10	小义	白
3	大仁	青	7	大信	黄	11	大智	黑
4	小仁	青	8	小信	黄	12	小智	黑

这些冠位无法世袭，令贤能者或有功者得以被重用。

[十七条宪法]

第1条：以和为贵、无忤为宗。
第2条：敬畏三宝（佛像、佛经、僧侣）。
第3条：受诏（天皇的命令）必行。
第4条：官差衙役，自当尊礼。
第6条：不受贿赂，秉公执法。
第8条：官差衙役，出勤善早，放工宜迟。
第17条：遇重大事项，不可独断，必与众议。

虽然叫"宪法"，但与今天的日本宪法不同，是对官差、豪族应该遵守的规矩的整编。白纸黑字，落到纸上。

（飞鸟时代）

乙巳之变与大化改新

三头政治因厩户王的突然去世而崩溃。势力均衡的格局被打破后，再次出现了苏我氏独裁的局面。给这一切踩下刹车的，是中大兄皇子发动的乙巳之变。

虽然苏我氏的三头政治结构治国效果良好，其中最年轻也是嗣位下一任天皇的厩户王，却于621年（也有622年的说法）早早地撒手人寰。5年后，苏我马子去世，马子之子虾夷成为继任者。虾夷本人也较好地维持了平衡，但其子苏我入鹿却横行霸道，大大加强了苏我氏专权。

对此极为不满的中臣镰足连同皇极天皇之子中大兄皇子，决定发起政变。他们打算假借迎接三韩（新罗、百济、高句丽）使者的名义，唤苏我入鹿前来。依照礼仪，入鹿来时没有佩刀。但负责斩杀他的刺客佐伯古麻吕因为过度紧张，迟迟不敢动手，等得不耐烦的中大兄皇子便自己跳出来斩杀入鹿，佐伯古麻吕也随之一刀刺中入鹿的脚踝。这便是645年的"乙巳之变"，以前也被叫作"大化改新"。得知入鹿死讯后，其父苏我虾夷也自杀，苏我家族随之灭亡。

政变成功后，中大兄皇子推举叔父轻皇子为天皇（即孝德天皇），自己则任皇太子，以中国律令为范本推行了一系列改革政策，这便是"大化改新"。"大化"成为日本有史以来的第一个年号。之后迁都难波。朝廷发布公地公民宣言，宣布所有土地及人民均归国有（即天皇所有）；颁布"班田收授法"，按户籍人口分配土地及课税；实施"租庸调制"，划定三类基本税种；推行强化中央集权的"国郡里制"。虽然有说法认为上述措施皆为后世附会，要到天武朝时期才真正实施，但毫无疑问，这些措施确实达到了打压豪强贵族、加强中央集权的效果。

[推古天皇之后的天皇家族与苏我氏]

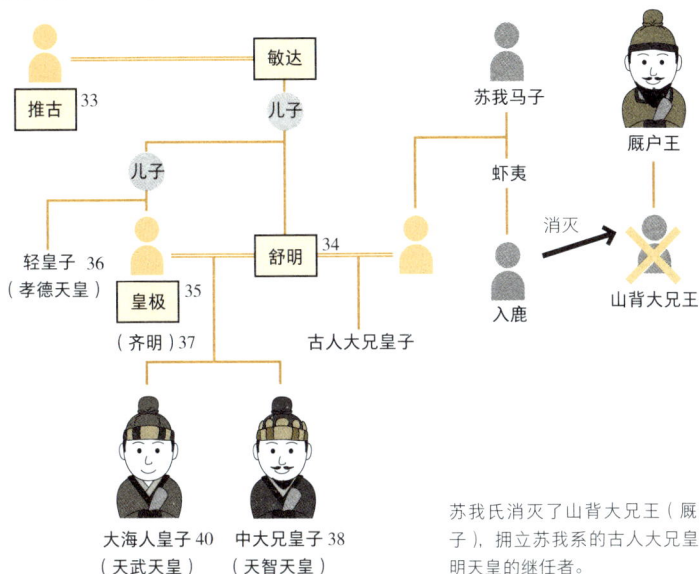

推古 33

敏达 ── 儿子

儿子

轻皇子 36
（孝德天皇）

舒明 34

皇极 35
（齐明）37

古人大兄皇子

苏我马子

虾夷

入鹿

厩户王

消灭

山背大兄王

大海人皇子 40
（天武天皇）

中大兄皇子 38
（天智天皇）

苏我氏消灭了山背大兄王（厩户王之子），拥立苏我系的古人大兄皇子为舒明天皇的继任者。

[乙巳之变]

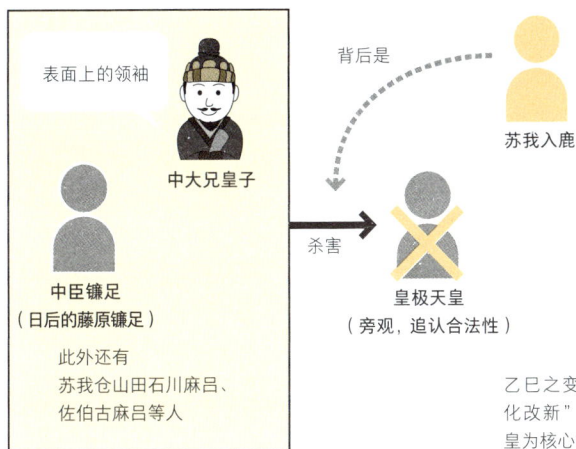

表面上的领袖

中大兄皇子

中臣镰足
（日后的藤原镰足）

此外还有
苏我仓山田石川麻吕、
佐伯古麻吕等人

背后是

苏我入鹿

杀害

皇极天皇
（旁观，追认合法性）

乙巳之变拉开了政治改革"大化改新"的序幕，确立了以天皇为核心的中央集权国家体制。

（飞鸟时代）

白村江战役

中、韩两国和日本之间复杂的关系，其实早在1300多年前便已经萌芽了。

654年，孝德天皇驾崩，但继位的不是中大兄皇子，而是先帝皇极第二次登上皇位（重祚），称齐明天皇。那时，日本政权面临的难题是外交问题。任那日本府早在1个世纪前就已经灭亡了。失去了在朝鲜半岛上的桥头堡后，日本本想避免同朝鲜半岛扯上关系，无奈还是卷入灭了唐王朝与朝鲜半岛三国之间的纷争中。660年，三国中实力最弱的新罗同唐王朝结盟，消灭了亲日的百济国。幸存下来的百济朝廷重臣鬼室福信为了复国，打出"复兴军"的大旗，请求日本皇室送还在日本受保护的百济皇子余丰璋（即扶余丰）。齐明天皇接受了这一请求，并自行前往博多湾附近的朝仓。这一举动事实上意味着将国都从难波迁到了筑紫，齐明天皇后在朝仓驾崩。

中大兄皇子再次选择暂缓登基，仅以皇太子的身份理政，指挥战争（临朝称制），并派安云比罗夫率5000士兵护送余丰璋。虽然顺利抵达了目的地，但余丰璋与鬼室福信产生了嫌隙。当阿倍比罗夫率领数万大军抵达朝鲜半岛时，鬼室福信已经因莫须有的谋反罪名被杀。百济一方士气低落，余丰璋则对当地的地理环境和当前的形势一无所知。

663年，在朝鲜半岛西南、最终汇入黄海的白村江上，以唐朝水军为主力的唐·新罗联军和日本·百济联军相遇，发生激战。因合作不睦，不熟悉地形等原因，复兴军遭到了毁灭性的打击，余丰璋逃亡。日本首次在对外战争中尝到了惨败的滋味。

[天智天皇即位]

年表

645 年	乙巳之变。
	皇极天皇退位，孝德天皇即位。
654 年	孝德天皇驾崩，齐明天皇即位。
	迁都至飞鸟板盖宫。
661 年	准备同唐·新罗的战争。
	迁都至九州朝仓宫。
	齐明天皇驾崩。
663 年	白村江战役。
667 年	迁都至大津宫。
668 年	天智天皇即位。

为何天智天皇一直不登基呢？

乙巳之变次日，皇极天皇退位，中大兄皇子推举了叔父轻皇子为天皇（孝德天皇），自己任皇太子。孝德天皇驾崩后，他又推举母亲皇极天皇再次登基（称"齐明天皇"），而他本人一直等到齐明天皇去世后，才登基为天皇。关于中大兄皇子这么做的理由，有各种各样的说法，如以皇太子身份理政更方便，因迎娶了同母妹妹为妻犯了忌讳等，但都没有确切的证据。

[白村江战役]

为了帮助已被灭国的百济重振，中大兄皇子派兵与唐·新罗联军交战，结果日军大败。战败后，日本出于安全考虑，在北九州沿岸设守备部队。

唐

唐陆军的进攻路线

高句丽（668 年灭亡）

唐水军的进攻路线

新罗

新罗军的进攻路线

百济（660 年灭亡）

日军的进攻路线

飞鸟

朝仓宫

（飞鸟时代）

壬申之乱与天武朝的开始

壬申之乱的胜利开启了天武朝的统治。不过，王朝的壮年男子们没能享受到这靠流血厮杀打下的江山。这个时代，天皇的即位之路屡见异常，女帝们大放光芒。

天智天皇死后，672年，他的弟弟大海人皇子和儿子大友皇子围绕皇位继承问题爆发了冲突（壬申之乱）。此前早已嗅到危险气息的大海人皇子提前撤出了首都，以美浓国为中心集结兵力，打了大友皇子一个措手不及，最终登基成为天武天皇（明治时期，大友皇子被追封为"弘文天皇"）。

此后长达一个世纪内，天皇家的血管里一直流的是天武天皇的血脉，因此这一时期被叫作"天武朝"。天武朝的壮年男子们没有享受到什么好处，这个时代皇位继承屡出异状，女帝们大展身手。

天武天皇迁都飞鸟净御原宫，颁布了飞鸟净御原令。其中特别值得一提的是外交方针的改变，同宿敌新罗修好，同中国唐王朝断绝关系。

天武天皇死后，皇后鸬野赞良皇女欲立自己的儿子草壁皇子为天皇，便寻了个莫须有的罪名害死了自己的外甥，即当时的皇太子大津皇子（大津皇子是鸬野赞良皇女的姐姐与天武天皇的儿子）。然而，关键人物草壁皇子早逝。于是，鸬野赞良皇女便自立为帝，称持统天皇。在《百人一首》（译者注：日本和歌集）中，持统天皇人气很高，但其实她是一位为维持血脉不择手段的女性领袖。之后，持统天皇将皇位禅让给孙子文武天皇，自己则在幕后摄政。文武天皇颁布了大宝律令，迁都藤原京，但在即位十年后，他也不幸驾崩了。女帝们常常像这样，一再为如何挑选一个拥有自己血脉的男性皇位继承人而发愁。藤原京时期的文化以药师寺东塔为代表，被称为白凤文化。

［壬申之乱］

大海人皇子自辞皇位，退居吉野。此后，因大友皇子试图将其铲除，又从吉野逃出。大海人皇子军封锁铃鹿关、不破关，令大友皇子向东国求援未成。随后大海人皇子进军大友皇子所在的大津宫，攻破大友皇子军，取得胜利。

不破关
大津宫
大友皇子
铃鹿关
飞鸟　吉野
大海人皇子

［天武天皇的业绩］

天武天皇

| 着手制定新法（飞鸟净御原令） | 更改诸侯旧姓，制定按身份地位排列的"八色之姓"制度 | 编纂《古事记》和《日本书纪》 | 首创"天皇"这一称号 | 将即位仪式制度化，并将伊势神宫定为祖先神庙 |

［天武天皇之后的天皇家］

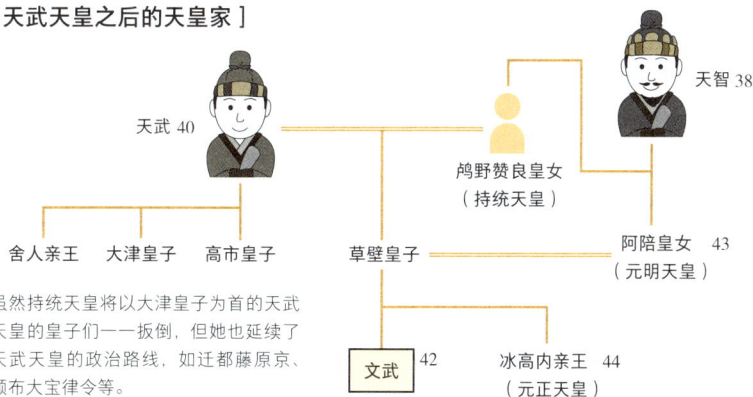

天武 40

天智 38

鸬野赞良皇女（持统天皇）

舍人亲王　大津皇子　高市皇子　草壁皇子

阿陪皇女　43（元明天皇）

文武 42　冰高内亲王 44（元正天皇）

虽然持统天皇将以大津皇子为首的天武天皇的皇子们一一扳倒，但她也延续了天武天皇的政治路线，如迁都藤原京、颁布大宝律令等。

（奈良时代）

平城京与长屋王之变

经女帝之手，日本朝廷迁到了平城京。此后总算盼来了成年男子登基，即圣武天皇。但其在位期间因藤原氏的阴谋染上了浓厚的血污。

因为文武天皇的儿子首皇子年纪尚小，作为他成年之前的过渡，便暂由草壁皇子的妻子，也就是首皇子的祖母称天皇，即元明天皇。当时在日本的武藏国境内发现了铜矿，因此便以"和铜"为年号，并铸铜钱名曰"和同开弥"。710年，迁都平城京，奈良时代由此开始。

元明天皇此后又将皇位禅让给了女儿元正天皇。元正天皇是文武天皇的姐姐，在首皇子长大之前，由她执掌朝政。她也是第一位以未嫁之身任天皇的女帝。元正天皇在位期间完成了《日本书纪》的编写。同时，因人口繁衍，可供分配的土地份额不足，元正天皇制定了三世一身法，以开垦者及其子孙的世代数为限，有条件地承认了新开垦土地归属私有。这是"公地公民"的土地公有制土崩瓦解的第一步。

724年，经元明、元正前后两代女天皇后，终于等到了首皇子登基，即圣武天皇。他虽然是众人翘首以盼的成年男性天皇，其执政期间却混乱之至。导火索是立光明子为后一事。当时，非出身皇族者不能成为皇后，光明子虽贵为乙巳之变功臣藤原镰足之孙、天武朝初期重臣藤原不比等之女，却依然没有立后的资格。因此，光明子立后一事，便因"应重视先例"而遭到了天武天皇之孙，实权派的长屋王的反对。然而，藤原不比等的儿子们（史称"藤原四兄弟"）无论如何都希望皇后能出自本族，便捏造罗织罪名，迫使长屋王自杀。这就是历史上的长屋王之变。史上第一位人臣之女出身的皇后由此诞生了。不过后来，藤原四兄弟接连死于疾病。国有危难，圣武天皇决定求诸佛教的力量。

［ 天武天皇的谱系 ］

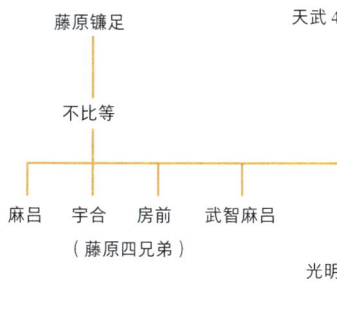

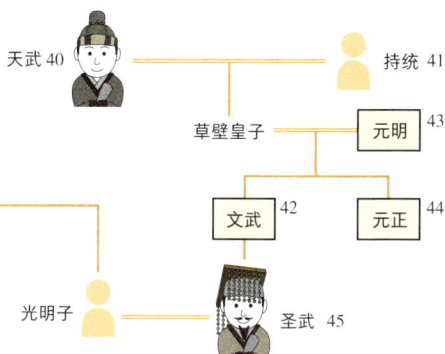

藤原镰足

天武 40 ———— 持统 41

不比等

草壁皇子 ———— 元明 43

麻吕　宇合　房前　武智麻吕

文武 42　　元正 44

（藤原四兄弟）

光明子 ———— 圣武 45

［ 大化改新之后的藤原氏 ］

藤原镰足

在乙巳之变、大化改新中都十分活跃。

藤原不比等

对文武天皇即位有功，辅佐元明天皇，参与大宝律令编纂。

藤原四兄弟

谋划令异母姐妹光明子成为首位人臣之女出身的皇后；以谋反罪陷害长屋王，逼其自杀此后四人接连因病暴毙。

［ 平城京 ］

西大寺	平城宫		东大寺
唐招提寺	朱雀门	外京	
右京		左京	兴福寺
药师寺	朱雀大路		
西市		东市	

—— 罗城门

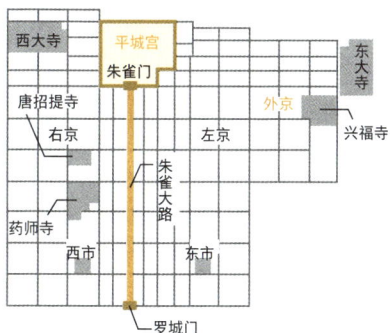

以当时先进的唐朝首都长安为范本设计建造。城市四四方方，犹如棋盘。

这时发生了什么事

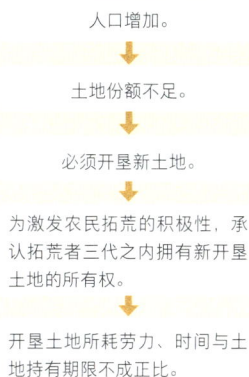

人口增加。

↓

土地份额不足。

↓

必须开垦新土地。

↓

为激发农民拓荒的积极性，承认拓荒者三代之内拥有新开垦土地的所有权。

↓

开垦土地所耗劳力、时间与土地持有期限不成正比。

（奈良时代）

镇护国家与天平文化的兴起——道镜和尚上位

圣武天皇决定借佛教力量镇护国家，催生了天平文化。但圣武天皇死后，日本又一次迎来了女天皇的时代，这便是天武朝最后的辉煌了。

疾病蔓延，饥馑频发，再加上重臣接连死去，在此国难之际，圣武天皇选择以佛教之力护国安邦，也就是"镇护国家"思想。他甚至启用了因私自剃度而受到迫害的行基和尚。圣武天皇下诏在日本全国兴建寺庙，在地方一国要有一座国分寺和国分尼寺，敕造京城的东大寺作为总本山。752年，东大寺里举行了大佛开眼法事。藤原四兄弟死后，由橘诸兄和吉备真备等归来的前遣唐使担起辅政大任。

长屋王还活着的时候，圣武天皇的皇子早夭，之后也再没有皇子降世，皇位便又落到了女性手中。天武朝的最后一位天皇是以未嫁之身登上皇位的孝谦天皇。她在位时重用藤原仲麻吕，然而当她将皇位禅让给淳仁天皇后，一手提拔的仲麻吕却试图将她排挤出政界。这令孝谦上皇大为光火，于是发动政变，杀死仲麻吕，流放了淳仁天皇，自己再登大位，为称德天皇。

称德天皇这回宠爱的是道镜和尚。因未生有子嗣，她试图让道镜成为自己的继承人，但此事因和气清麻吕果断采取行动而失败了（宇佐八幡宫神托事件）。后来女帝染上天花去世，失去了靠山的道镜最终被驱逐出政界。

佛教的兴盛，在平城京中催生出绚烂的"天平文化"。这是日本独特的佛教文化，是深受遣唐使影响而形成的富有国际性的文化。

［ 东大寺和大佛 ］

笃信佛教的圣武天皇试图借佛教之力护国安邦，下旨在全国各地敕造国分寺和国分尼寺，在京城建造东大寺，供奉大佛。

- 国分寺
- 国分尼寺

［ 奈良时代的特征 ］

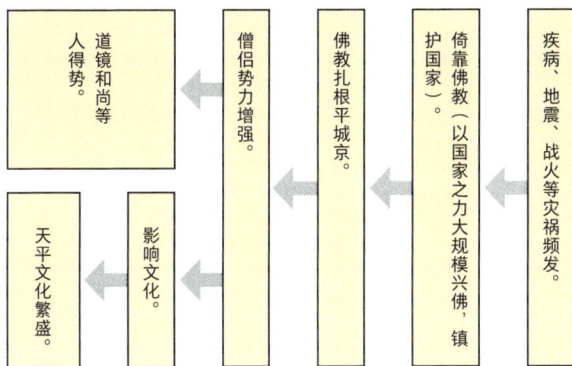

疾病、地震、战火等灾祸频发。

→ 倚靠佛教（以国家之力大规模兴佛，镇护国家）。

→ 佛教扎根平城京。

→ 僧侣势力增强。

→ 道镜和尚等人得势。

↓ 影响文化。

↓ 天平文化繁盛。

［ 天平文化 ］

建筑	雕刻	文学
法隆寺（梦殿、传法堂等） 东大寺（法华堂、转害门等） 唐招提寺（金堂等）	阿修罗像（兴福寺） 须菩提像（兴福寺） 鉴真和尚坐像（唐招提寺） 卢舍那佛坐像（唐招提寺） 戒坛院四天王像（东大寺） 日光・月光菩萨像（东大寺）	《古事记》（史书） 《日本书纪》（史书） 《风土记》（地理志） 《万叶集》（和歌集） 《怀风藻》（汉诗集）

（平安时代）

从天武朝到天智朝

称德天皇终身未婚，她的继承人出人意料。在藤原一族暗中活动下，皇权从天武一脉又回到了天智一脉手中，这个催生了无数怨灵的时代由此落下帷幕。

　　称德天皇终身未婚，自然也没有留下子嗣。继承人迟迟无法选定，最后大权竟落到了当时已62岁高龄且没有半点天武天皇血统的白壁王身上。770年，白壁王即位，称光仁天皇。不过，白壁王的皇后井上内亲王是圣武天皇的女儿，她与白壁王之子——他户亲王被立为太子，其实这就是在他户能够独当一面之前先由光仁天皇理政的意思。但出人意料的是，两年后，皇后和太子因谋反罪丢掉了他们的地位。就算什么也不做，几年后皇位也能落到自己手里，为何皇后和太子要谋反呢？有一种解释颇有说服力，认为这是以藤原百川为首的藤原式家背地里积极活动，为他户的对手上位出谋划策的缘故。

　　仿佛是要证明这种说法一般，山部亲王被推举为光仁天皇的继承人，他便是后来因迁都平安京闻名的桓武天皇。山部亲王的母亲高野新笠是渡来人（指4—7世纪从东亚大陆渡洋来到日本的外国人），本来这样出身卑微的人是完全不可能登上皇位的，但就像奈良时代藤原光明子的上位一样，藤原一族凭借实力及谋略，再次打破先例。恒武天皇的即位也意味着天智天皇血统的全面复苏。此后，皇位再次落入天智一族手中，天武一系则被淘汰。不过话又说回来，天武朝其实也是持统朝，而持统天皇是天智天皇的女儿。从这个角度考虑的话，天武朝其实也留着天智一系的血。或许这也是持统本人的执念（维系血统）吧。

［天智朝和天武朝］

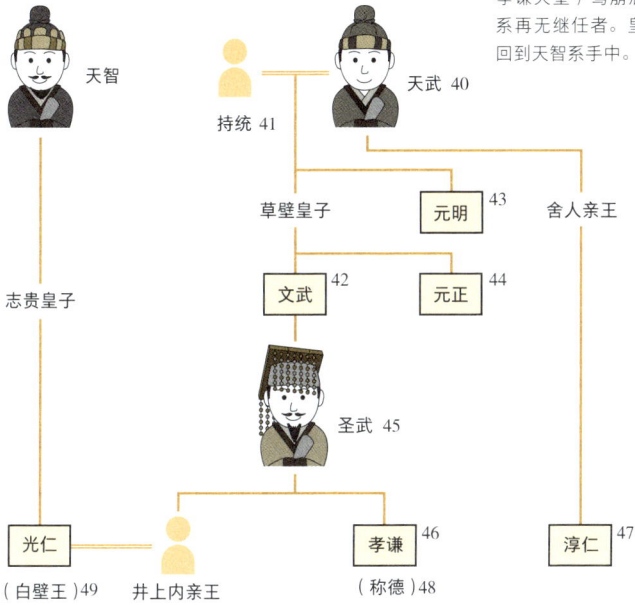

称德天皇（即再次登基的孝谦天皇）驾崩后，天武系再无继任者。皇统重新回到天智系手中。

天智

持统 41 — 天武 40

草壁皇子 — 元明 43 — 舍人亲王

志贵皇子

文武 42 — 元正 44

圣武 45

光仁 — 井上内亲王 — 孝谦 46 — 淳仁 47
（白壁王）49 （称德）48

［藤原式家的秘密活动］

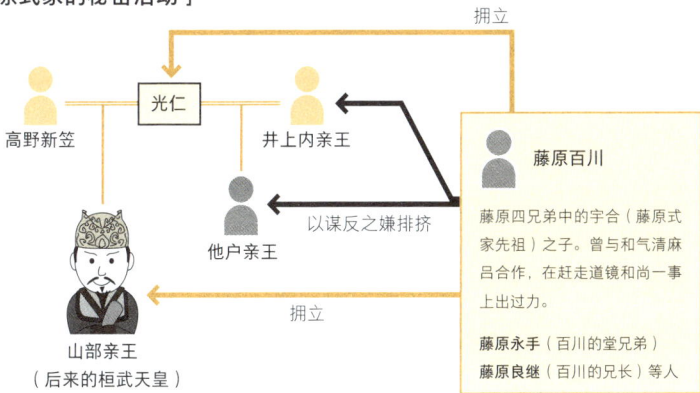

高野新笠 — 光仁 — 井上内亲王

拥立

他户亲王

以谋反之嫌排挤

山部亲王
（后来的桓武天皇）

拥立

藤原百川

藤原四兄弟中的宇合（藤原式家先祖）之子。曾与和气清麻吕合作，在赶走道镜和尚一事上出过力。

藤原永手（百川的堂兄弟）
藤原良继（百川的兄长）等人

（平安时代）

桓武天皇和平安京

新即位的桓武天皇，对天武系贵族及佛教势力过分膨胀的平城京感到厌烦，故再次迁都。这却成了另一个怨灵横行的时代的开端。

得到预料之外的权力的人一般都有进行大规模改革的倾向，为了排除天武系和佛教的影响，桓武天皇决定迁都至长冈京。然而，负责规划建造新都的藤原种继遭到反对势力的暗杀。当时受怀疑的是天皇的同母弟弟，即皇太弟早良亲王。事发后，早良亲王被废除皇太弟身份，愤而绝食自尽。后来由于身边的人接连死去，害怕怨灵作祟的天皇重新选址营造了新都，并于794年迁都，这便是如今的京都。这堪称风水宝地、四神庇护的平安京，除了短暂的例外，直到明治时代始终是日本的首都。此外，800年，早良亲王被追封崇道天皇。由此看来，他确实应是清白无辜的。

密教因适应朝廷安抚怨灵，祛除国难的诉求而得到了推广。奉天皇之命赴唐归来的最澄和尚，在被称为京都"鬼门"的比叡山延历寺里首开天台宗。接着，紧随最澄脚步，同样从唐朝回来的空海和尚在高野山金刚峰寺创建了真言宗。两人相继被朝廷重用。

当时在日本东北地区，生活着一群被朝廷蔑称为"虾夷"的人。日本朝廷在这一时期决定动真格的，派军讨伐虾夷人。当时的虾夷军首领阿弖流为和母礼被坂上田村麻吕说服，率部投诚朝廷。田村麻吕曾允诺保其二人性命，但最终未能兑现。除此之外，坂上田村麻吕为人所知的事迹还有建造清水寺、出任征夷大将军等。桓武一朝，国家动荡不安。在数不清的血汗东流之后，天皇晚年终于接受了藤原绪嗣的谏言（德政相论），停止了征夷和造都这两件令百姓苦不堪言的事。

[桓武天皇的功绩]

桓武天皇

迁都长冈京	迁都平安京	保护天台宗、真言宗	讨伐虾夷	颁行健儿令
反思道镜等僧侣涉政，为远离佛教势力而迁都。	害怕弟弟早良亲王的怨灵作祟，再次迁都。	保护对抗奈良佛教的新佛教派别天台宗（最澄和尚创立）和真言宗（空海和尚创立）。	派遣坂上田村麻吕为征夷大将军，进军东北。	废除农民服兵役制度。

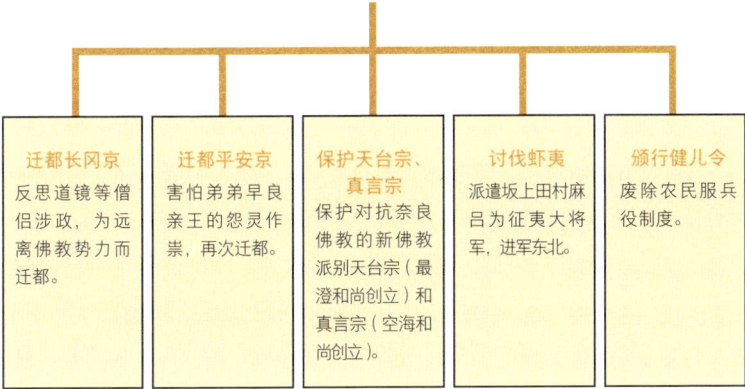

[桓武天皇陷害的人]

即位前

井上内亲王
（光仁天皇的皇后）

他户亲王
（光仁天皇的皇太子，桓武天皇的异母弟）

同藤原百川等人共谋，废两人的皇后、皇太子之位。

即位后

早良亲王
（桓武天皇的同母弟）

因涉嫌暗杀长冈京建造负责人而被捕，为证清白绝食而死。此后，桓武天皇周围不幸频发，相传是早良亲王的怨灵作祟。

[迁都的历史]

时间	首都	当时的天皇
710 年	平城京	元明天皇
740 年	恭仁京	圣武天皇
744 年	难波宫	圣武天皇
745 年	紫香乐宫	圣武天皇
745 年	平城京	圣武天皇
784 年	长冈京	桓武天皇
794 年	平安京	桓武天皇

（平安时代）

两个朝廷和两统迭立

纵使有男儿降生，不致沦落到天武朝那样由女帝执政的境地，但频繁改立太子依然削弱了天智朝的势力，最终招致藤原北家得势。

806年，桓武天皇驾崩。第一皇子安殿亲王继位，称平城天皇。皇权交接合理合法，无奈平城天皇天生病弱，3年后即让位于同母弟弟嵯峨天皇，同时立平城天皇之子高岳亲王为皇太子。平城太上皇自己虽移居平城旧都，但又伙同宠爱的藤原药子（藤原种继的女儿），试图干扰嵯峨天皇亲政。为避免出现两个朝廷，嵯峨天皇派出了坂上田村麻吕，最终令图谋出兵平安京的药子自杀，平城太上皇则剃度出家。平城一方的势力消失殆尽，这就是药子之变。

嵯峨天皇废除了高岳亲王的太子之位，但苦于自己并无成年的儿子，只好立异母兄弟大伴为皇太子。巧的是，恰在此时，嵯峨天皇的皇子正良亲王呱呱坠地。此后，大伴顺利继位，称淳和天皇，正良亲王则为皇太子。这便是两统迭立的开始。之后淳和天皇让位给正良，后者即位称仁明天皇，也按规矩立淳和天皇之子恒贞亲王为太子。

这样，日本朝廷便以两统迭立的顺序依次继承皇位。但在公元842年，淳和、嵯峨两位太上皇相继离世后，情况发生了变化，波澜再起，史称承和之变。藤原冬嗣在嵯峨天皇统治时崭露头角，其所属的藤原北家势力随之渐长。冬嗣的次子良房，设计废恒贞亲王的太子之位，改立自己的外甥道康亲王为太子（即此后的文德天皇）。两统迭立随之终止。因实现了仁明天皇欲传位于亲子的心愿，藤原良房备受仁明天皇宠信，从此拉开了臣下摄政的序幕。藤原摄关政治由此开始。

［天皇家和藤原四家］

藤原四兄弟的子孙们分别成了南家、北家、式家、京家的祖先。这四家为"谁是老大"一事打得不可开交。到了冬嗣、良房这一代，北家势力坐大。

藤原不比等

麻吕（京家） 宇和（式家） 房前（北家） 武智麻吕（南家）

仲麻吕

百川 儿子 广嗣

种继

儿子

儿子

冬嗣

桓武 50

淳和 53　嵯峨 52　平城 51　私宠

恒贞亲王　仁明 54　高岳亲王

文德 55

仲成

药子

良房

［嵯峨天皇的政绩］

嵯峨天皇

编纂弘仁格式（律令的辅助法令）。

设置藏人所（天皇的秘书官厅）。

将部分皇族降为臣籍（源氏一族的开始）。

为维持京都治安，设检非违使。

［与藤原氏相关的两次政变］

药子之变

藤原式家的药子企图让平城太上皇重登皇位，失败后服毒自尽。据称这是日本史上第一次服毒自尽。

藤原药子

承和之变

藤原北家的良房设计以谋反罪流放了伴健岑和橘逸势，废恒贞亲王的太子之位，改立自己的外甥为皇太子。

藤原良房

良房所在的藤原北家势力增大，此后又一一排挤了其他政敌。

（平安时代）

藤原氏对其他家族的排挤——幼帝的诞生和道真的怨灵化

藤原北家手握摄政、关白大权，甚至能左右皇位的继承。面对仗着外戚身份飞扬跋扈的藤原氏，其他家族可谓束手无策。

文德天皇的第一皇子惟乔亲王为纪静子所生，但为了防止纪氏成为外戚，藤原良房抢先立自己的外孙，年仅9岁的惟仁亲王为天皇，称清和天皇。日本历史上第一位幼帝就此诞生。因为天皇年幼，大权便落到了良房手中。于是866年，良房利用火烧应天门事件成功排挤了伴氏（大伴氏）和纪氏等实力派豪门。这就是应天门之变。藤原摄关政治得到了巩固。清和天皇在30岁就早早地撒手人寰。他的子孙众多，均被降为臣籍，赐姓源氏，这便是源赖朝等才俊辈出的清和源氏一族。

此后，良房兄长藤原长良的女儿高子的儿子即位为阳成天皇，但又被良房的养子藤原基经以"暴政"为由逼其退位，改由阳成天皇的叔父、文德天皇的弟弟即位，称光孝天皇。光孝天皇此时已是55岁高龄，从未想过自己能登临宝座，因此十分感激基经。于是，关白的地位不断上升，手中的权力也越来越大。

光孝天皇驾崩后，原本被降为臣籍，后又恢复皇籍的宇多天皇继位。藤原氏不是宇多天皇的外戚，而这位天皇重用菅原道真等学者，对此十分警惕的基经之子藤原时平便逼迫宇多天皇让位给了醍醐天皇。醍醐天皇听信谗言，将道真贬至太宰府，道真因此失意而死。后来，醍醐天皇的皇子们接连病死，皇居清凉殿遭到雷击，而时平也在39岁的壮年病逝，人人皆传这是道真的冤魂作祟。这同时也是雷神道真天神信仰的起源。

［ 藤原氏排挤其他实力派贵族 ］

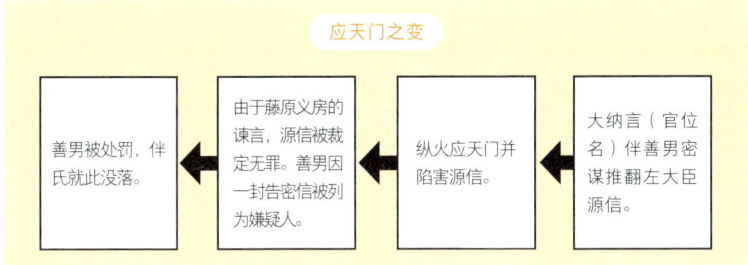

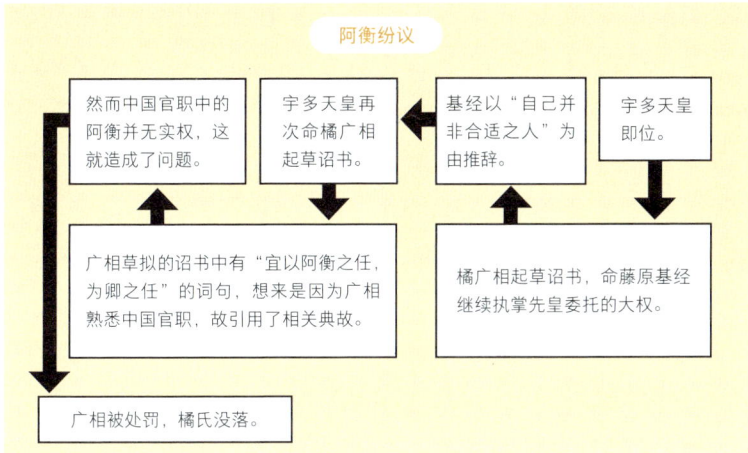

应天门之变

善男被处罚，伴氏就此没落。 ← 由于藤原义房的谏言，源信被裁定无罪。善男因一封告密信被列为嫌疑人。 ← 纵火应天门并陷害源信。 ← 大纳言（官位名）伴善男密谋推翻左大臣源信。

阿衡纷议

然而中国官职中的阿衡并无实权，这就造成了问题。 ← 宇多天皇再次命橘广相起草诏书。 ← 基经以"自己并非合适之人"为由推辞。 ← 宇多天皇即位。

广相草拟的诏书中有"宜以阿衡之任，为卿之任"的词句，想来是因为广相熟悉中国官职，故引用了相关典故。

橘广相起草诏书，命藤原基经继续执掌先皇委托的大权。

广相被处罚，橘氏没落。

［ 臣籍降下 ］

即皇族被撤销皇籍，赐姓降为人臣。这些是被降为臣籍的主要家族。

嵯峨源氏	**清和源氏**
嵯峨天皇的皇子皇女被降为臣籍后，赐姓源。这是源氏的发端。	清和天皇之孙基经王（因被赐姓源所以称为源基经）是这一支的祖先。子孙中源赖朝、源义经等十分有名。
橘氏	**桓武平氏**
奈良时代被降为臣籍的葛城王（因被赐姓橘称橘诸兄）是这一支的祖先。	桓武天皇之孙高望王（因被赐姓平称平高望）是这一支的祖先。子孙中平将门、平清盛十分有名。

（平安时代）

摄关政治的巅峰—— 一门三后

剪除其他豪族之后，藤原氏一族陷入了族内的权力斗争。兄弟、叔父之间的政治斗争不断扩大。最终的胜利者藤原道长，实现了一门三后的大业。

醍醐天皇的继任者朱雀天皇，在母亲（藤原基经之女）的干预下，将皇位让给了同母胞弟村上天皇，此后开始天皇亲政。后来冷泉天皇即位，但他的精神状态不稳定。与此同时，藤原实赖上位成为关白，摄关政治再次开始。本以为为平亲王（妻子为源高明的女儿）会被立为皇太弟，但结果被立的却是为平亲王的弟弟守平亲王（之后的圆融天皇）。这恐怕是藤原实赖担心自己的权势为外戚源高明所夺、暗中活动的结果吧。之后，969 年，源高明因涉嫌"安和之变"被贬，藤原氏排挤豪门贵族的活动至此告一段落。此后，藤原氏家族内部的实权派们，围绕着摄关大权展开了激烈的斗争。

压轴大戏是围绕着圆融天皇之子，一条天皇的继任者问题展开的。权力的接力棒从实赖传了弟弟师辅，又传给了师辅的儿子兼家，而后又传给了兼家的儿子道隆。道隆成功让女儿定子当上了一条天皇的中宫。随后道隆病逝，关白一职由其弟道兼继任，但没过几天道兼也病死了。围绕谁来继承关白的大权，道隆之子、定子之兄伊周，与道隆、道兼的弟弟道长之间产生了政治纷争。为了对抗定子（其侍女为清少纳言），道长将女儿彰子送入后宫。彰子的侍女就是紫式部。于是，一条天皇身边的定子、彰子争宠的样子，便被《枕草子》和《紫式部日记》记录了下来。一条天皇死后，又经过三条天皇，彰子之子终于被立为后一条天皇。道长又将另外两个女儿分别嫁给两任天皇为中宫，从而实现了一门三后的伟业。

[藤原氏的外戚政治]

藤原道隆

兼家的长子。成功扶持女儿定子成为一条天皇中宫后病死。继承其位置的弟弟道兼也在数日内病死。

藤原师辅

女儿是村上天皇的皇后，冷泉天皇、圆融天皇的母亲。作为前后两任天皇的外祖父执掌朝廷大权。摄关政治之祖。

藤原伊周 VS 藤原道长

道隆之子伊周和道隆之弟道长之间，围绕主导权展开了激烈的斗争。最终道长取得了胜利，此后30年间一直手握大权。

藤原兼家

师辅的第三个儿子。用诡计迫使花山天皇退位，扶持外孙一条天皇即位，自己摄政。此后，又将这一地位传给儿子道隆，使摄关之职成为世袭。

[藤原道长一手操办的一门三后]

道长一共嫁了4个女儿给天皇，不过其中嬉子仅是后朱雀天皇的女御而非中宫，没能实现一门四后。

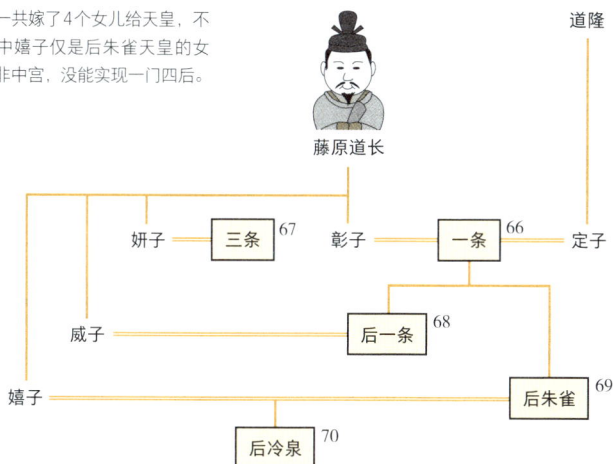

藤原道长

道隆

妍子 — 三条 67 — 彰子 — 一条 66 — 定子

威子 — 后一条 68

嬉子 — 后朱雀 69

后冷泉 70

（平安时代）

国风文化与净土信仰

因唐王朝衰弱，便废止了遣唐使制度。日本独有的国风文化开出了绚烂的花朵。与此同时，因末法时代将至而胆战心惊的人们纷纷向阿弥陀佛求助，净土宗信仰由此流传开来。

通过遣唐使制度，唐王朝的诸多文明传入日本。但到了公元8世纪中叶，安史之乱后，唐王朝进入乱世。875年黄巢之乱暴发，更是引发了全国性的大混乱。受此影响，894年，曾任遣唐大使的菅原道真上书建议停止派遣遣唐使，朝廷接受了这一建议。此后，道真被贬，死于左迁任上。大唐也在907年灭亡，遣唐使制度随之自然消亡。

来自大陆的文化传入自此停止，日本独有的文化却借贵族之手绽放光彩。由汉字造出了平假名和片假名，以这些文字符号为工具，《土佐日记》等纪行文、《蜻蛉日记》等日记、《竹取物语》等物语、《枕草子》等随笔、《源氏物语》等小说、《古今和歌集》等歌集相继诞生。尤其值得一提的是，女性作者层出不穷。以清少纳言和紫式部为代表，下级贵族子女中的饱学之士在宫廷中十分活跃，她们的作品奠定了宫廷文学，即王朝文学的基础。在建筑领域，以贵族宅邸为代表，诞生了新的建筑式样，称为"寝殿造"。是以池塘为中心建立庭院，环绕庭院建造房屋，房屋之间则以回廊相连。

彼时，适逢释迦牟尼入寂2000年，以此为契机，一种类似世界末日将至的末法思想在社会中广泛流传。为逃避末世，跻身阿弥陀佛所在的极乐净土，净土宗信仰一时间发展至鼎盛。藤原道长之子赖通建造的平等院，便以其中的阿弥陀堂闻名。

［遣唐使制度的废止］

菅原道真

遣唐使制度实行了 200 余年。因大唐内政混乱，于 894 年，由菅原道真提议废止。

安史之乱

唐玄宗宠爱绝世美人杨贵妃，以致荒废朝政。

⟵

大唐原有的兵制难以维系，转为依赖雇佣军的募兵制。各地设节度使作为军队的统帅。

⟵

节度使安禄山举兵反叛。

⟵

叛乱被镇压，但唐从此走上衰亡之路。

［国风文化］

建筑	雕刻	文学
平等院（凤凰堂等） 法界寺（阿弥陀堂等） 醍醐寺（五重塔等）	阿弥陀如来坐像 （平等院凤凰堂） 阿弥陀如来像 （法界寺）	《竹取物语》（物语） 《伊势物语》（物语） 《源氏物语》（物语） 《土佐日记》（日记） 《蜻蛉日记》（日记） 《更级日记》（日记） 《和泉式部日记》（日记） 《紫式部日记》（日记） 《枕草子》（随笔） 《今昔物语集》（说话集） 《大镜》（历史物语） 《今镜》（历史物语） 《将门记》（军记物语） 《古今和歌集》（和歌集） 《后撰和歌集》（和歌集） 《拾遗和歌集》（和歌集）

藤原道长之子赖通所建的平等院凤凰堂，正是以寝殿造为特征的国风文化代表建筑。

（平安时代）

武士的兴起

接替贵族引领时代的是武士阶层。这一征兆早在平安时代中期便已显露。因主事者误入歧途而起的东、西两场叛乱，强烈地撼动了平安朝廷。

　　时间来到10世纪。平安时代中期，一个新的社会阶层正悄悄萌芽，并将在未来长达700余年的时间里掌握日本政治的脉搏，这便是武士阶层。有两个原因促成了这一阶层的兴起。其一，为防御大唐等外部势力，镇压国内叛乱，中级以下贵族和地方豪族的子弟被挑选出来，建立了国防军。其二，公地公民制崩溃后，为保护私有土地、庄园等，实力雄厚的贵族和寺院等雇佣了民兵。这两股武装势力日益壮大，渐成声势。为避免招致谋反的嫌疑，由其中家世背景良好的武士出头，负责同中央政权交涉协商。彼时，在东边有源氏武士集团，西边则是稍晚一些成型的平氏武士集团。

　　虽然对皇族和贵族而言，武士不过是被雇佣者，彼时武士阶层中的平将门和藤原纯友却分别在东、西两面举兵叛乱，令中央政权胆战心惊。平将门出身关东地区的豪族，是桓武天皇五世的孙辈，在前往调停官差纠纷中因种种原因举兵造反，自立为新皇，建立了政权。藤原纯友是原本负责在濑户内海一带追捕海盗的下级贵族，在当地站稳脚跟后，也率领了对中央政权不满的地方豪族叛乱。最终，素有斩杀百足大虫威名的表藤太（又称藤原秀乡）平定了平将门之乱，藤原纯友的叛乱则折于传说为阎王工作的小野篁之孙小野好古之手。尽管平安朝廷暂时转危为安，但这种以暴制暴的统治手段反而进一步抬高了武士的地位。

［武士集团的形成］

私兵

公地公民制崩溃之后，私人领有的庄园数量增加，从而出现了专门保护私人庄园和财产的职业佣兵。

国防兵

对外防御唐、朝鲜及渤海等地，对内监视俘虏、囚犯、虾夷，镇压地方叛乱武装等活动催生了相应的武装力量。

两者相加，武士阶级逐渐形成

为了就恩赐、待遇、职权、地位等向中央陈情，更为了切实保护自身，武士们走上了组织化、集团化的道路。

出身高贵、家世良好的武士出任集团中的要职。

［源氏和平氏］

因为祖先是至高无上的天皇，得以出任武士集团要职，源氏和平氏崛起。

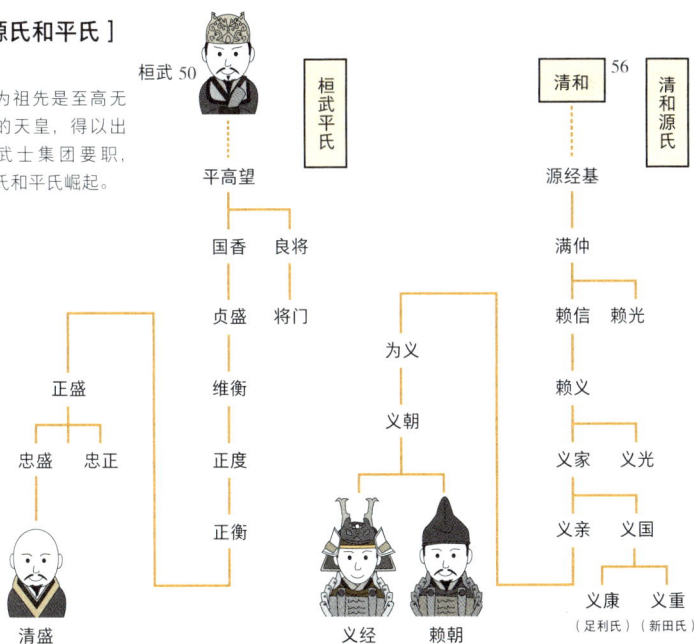

桓武 50

桓武平氏

清和 56

清和源氏

平高望

源经基

国香　良将

满仲

贞盛　将门

赖信　赖光

正盛

维衡

为义

赖义

忠盛　忠正

正度

义朝

义家　义光

正衡

义亲　义国

清盛

义经　赖朝

义康　义重
（足利氏）（新田氏）

（平安时代）

院政政治的开始

时隔170余年，终于出现了一位外戚不是藤原氏的后三条天皇。其子白河天皇虽在壮年之时让位，但自称"治天之君"，实际控制朝政，拉开了院政政治的序幕。

　　藤原道长之子藤原赖通，在后一条、后朱雀、后冷泉三代天皇时期，都作为外戚执掌朝政。但此后，无论是赖通之女，又或是赖通弟弟教通的女儿，都未能成功为天皇生下男孩。藤原氏的外戚之路走到了终点。

　　后朱雀天皇驾崩后继位的后三条天皇，是宇多天皇以来的170余年中，首位母亲不姓藤原的天皇。时值35岁、正值盛年的天皇启用了大江匡房等贤能之士，发布延久庄园整理令（延久为年号），设置"记录庄园券契所"，从经济上打击摄关家，为健全国家财政做出贡献。此外，后三条天皇还亲自选定了继承人，即位4年后让位于白河天皇，退位后他成功保住了影响力，无奈于1年后病逝。

　　白河天皇在1086年，让位于年幼的堀河天皇，自己以太上皇的身份执掌朝政，这便是院政政治的开始。虽然堀河天皇长大成人之后也开始亲政，可惜28岁时就病死了。白河上皇随即立5岁的孙子鸟羽天皇为帝，继续院政政治。鸟羽天皇长大后，白河院政仍在持续，白河上皇甚至把自己染指过的女人以养女的名义送予鸟羽天皇为中宫。1129年，76岁的白河天皇去世，鸟羽天皇终于从祖父的手中解放了出来。彼时，虽然鸟羽已把皇位让与第一皇子崇德天皇，但他总疑心崇德天皇是祖父的儿子。于是，鸟羽上皇仿效父亲实施院政，并宠爱美福门院藤原得子，将得子所出之子立为近卫天皇，架空了崇德上皇。为了打击摄关势力而出现的院政，却造成了新旧天皇之间的对立。

[藤原氏外戚之路的终点]

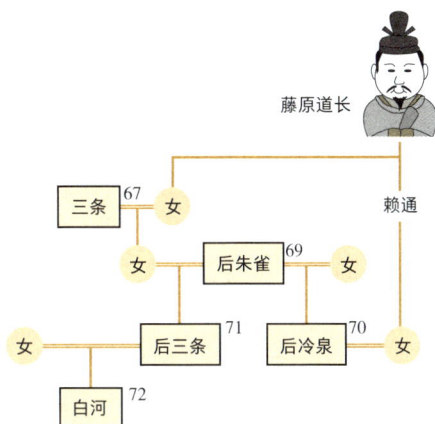

因为赖通之女与天皇之间并未生下儿子，只能由生母非藤原氏的后三条天皇继位。

[白河·鸟羽上皇的院政]

藤原璋子
（待贤门院）

鸟羽天皇的中宫，但曾受白河上皇宠幸。鸟羽天皇把璋子生下的崇德天皇叫做"叔父子"（实为叔父的名义上的儿子），对其忌惮又厌烦。

藤原得子
（美福门院）

鸟羽天皇禅位之后的宠妃。鸟羽天皇强迫崇德天皇退位，立得子所生的儿子为近卫天皇。

院政	事件	当时的天皇
白河上皇院政时期	1051—1062 年 前九年之役	后三条
	1083—1087 年 后三年之役	白河
	1086 年 白河天皇让位于堀河天皇，自己成为太上皇，院政开始	堀河
	1096 年 白河上皇出家，成为法皇	堀河
	1107 年 堀河天皇驾崩，鸟羽天皇即位	鸟羽
	1123 年 鸟羽天皇让位于崇德天皇	崇德
	1129 年 白河法皇驾崩	崇德
鸟羽上皇院政时期	1129 年 鸟羽上皇施行院政	崇德
	1141 年 崇德天皇让位于近卫天皇	近卫
	1155 年 近卫天皇驾崩，后白河天皇即位	后白河
	1156 年 鸟羽上皇驾崩	后白河

中世

武家的崛起和
封建制度

平安时代	1156年	保元之乱	054
	1159年	平治之乱	054
	1167年	平清盛成为太政大臣	056
	1181年	平清盛去世	058
	1185年	坛浦战役后，平氏灭亡	058
镰仓时代	1192年	源赖朝成为征夷大将军	060
	1199年	源赖朝去世，赖家成为征夷大将军	062
	1203年	北条时政成为执权（官职名）	062
	1205年	《新古今和歌集》被认为成书于此年	070
	1221年	承久之乱，设六波罗探题（官职名）	064
	1232年	制定《御成败式目》	066
	1274年	第一次元寇入侵（文永之役）	068
	1281年	第二次元寇入侵（弘安之役）	068
	1318年	后醍醐天皇即位	072
	1332年	元弘之变，后醍醐天皇流亡隐岐	072
	1333年	镰仓幕府灭亡，建武新政开始	072
室町时代	1338年	足利尊氏成为征夷大将军	076
	1378年	将军足利义满把将军府迁至花御所（室町第）	076
	1392年	南北朝议和	078
	1397年	将军义满建造鹿苑寺金阁（即金阁寺）	079
	1400年	《风姿花传》问世	086
	1411年	和明朝恢复邦交，开始勘合贸易	078
	1428年	正长的土一揆（正长为年号，"土一揆"即农民起义）	084
	1441年	将军足利义教被赤松满佑、教康父子暗杀	080
	1450年	细川胜元在京都兴建龙安寺	086
	1467年	应仁·文明之乱爆发	082
	1477年	应仁·文明之乱结束	082
	1485年	山城国一揆（山城国地区发生的国人暴动）	085
	1488年	加贺的一向一揆（一向宗发起的暴动）	084
	1489年	修建慈照寺银阁（即银阁寺）	086

平安时代，各地实力雄厚的豪族、地主等，为扩大势力，纷纷拿起武器成为武士。他们渐渐集结起来成为武士团，并最终凌驾于贵族之上，建立了日本史上第一个武家政权——镰仓幕府。然而，镰仓幕府不久便被室町幕府取代。

（平安时代）

保元之乱和平治之乱

皇室内部围绕治天之君的同室操戈，把摄关家、平氏和源氏武士集团都牵连在内，发展为内乱。笑到最后的是武家平氏。

　　被称为上皇或法皇的前天皇，其中仅有一人可作为"治天之君"掌握实权。被父亲鸟羽天皇所不喜，被迫早早让位于弟弟近卫天皇的崇德上皇，心心念念的便是这个"治天之君"的位置。但近卫天皇暴毙之后，成功挤掉崇德上皇之子、登基为"后白河天皇"的，是崇德上皇沉溺于今样（一种歌曲）的弟弟。崇德与后白河两人间的矛盾一触即发。二人共同的父亲鸟羽法皇死后，更是仿佛解开了封印，演变成席卷摄关家、平氏、源氏的保元之乱。最终，天皇一方获得了胜利。崇德上皇被流放至赞岐，含恨而死。战后，封诰最丰厚的当属后白河天皇身边的红人信西和尚，及信西和尚宠爱的平清盛。1159年，不满自己所受封赏的源义朝，趁清盛不在京都之时，发起了政变，史称"平治之乱"。源氏大军一度成功掌控了御所，逼死了信西，但清盛回京后，形势便急转直下。政变军大败，源义朝逃往东国，途中经过三河时，为旧部所杀。消灭了老对头源氏一族，平氏迎来了本门的春天，势力达到鼎盛。义朝的遗孤们也纷纷被捕，免不了一番杀戮。其中，源赖朝因清盛继母池禅尼求情逃过一死。活下来的还有赖朝的弟弟牛若，也就是以后的源义经。世间传说，他是因为母亲常盘在清盛面前求情才得幸免。此二人，因清盛的一念之慈而逃过死劫，日后却成为讨伐清盛和平氏一门的核心人物。历史还真是令人感慨万千啊。

[从白河至后白河时代的天皇家]

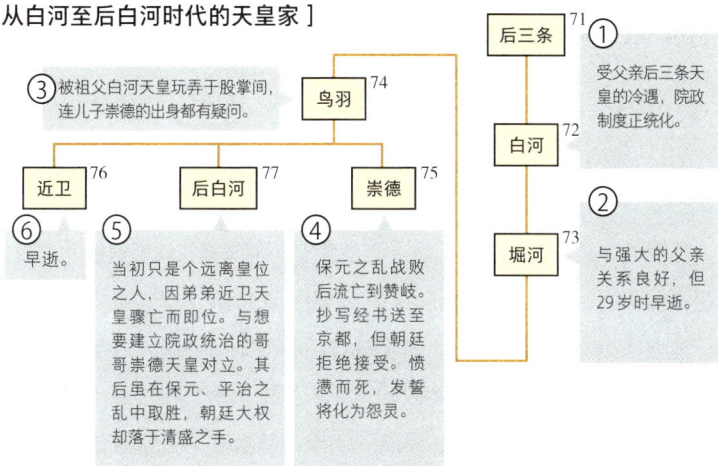

后三条 71 ①
受父亲后三条天皇的冷遇，院政制度正统化。

白河 72

堀河 73 ②
与强大的父亲关系良好，但29岁时早逝。

鸟羽 74

③ 被祖父白河天皇玩弄于股掌间，连儿子崇德的出身都有疑问。

近卫 76 ⑥
早逝。

后白河 77 ⑤
当初只是个远离皇位之人，因弟弟近卫天皇骤亡而即位。与想要建立院政统治的哥哥崇德天皇对立。其后虽在保元、平治之乱中取胜，朝廷大权却落于清盛之手。

崇德 75 ④
保元之乱战败后流亡到赞岐，抄写经书送至京都，但朝廷拒绝接受。愤懑而死，发誓将化为怨灵。

[保元之乱对阵图]

弟 后白河天皇
兄 藤原忠通
平清盛（为义的长子）

VS

兄 崇德上皇
弟 藤原赖长
源为义
平忠正（清盛的叔父）

崇德上皇一方惨败，赖长战死。战后，义朝亲手处决了父亲为义。

[平治之乱对阵图]

后白河上皇
平清盛　信西

VS

藤原信赖
源义朝

杀害了信西并挟持后白河上皇与二条天皇为人质的源义朝，一度占据上风。但人质被夺后形势立即逆转。信赖被处死，义朝则死于逃亡的路上。

（平安时代）

平清盛和最初的武家政权

经平治之乱收拾了老对头源义朝之后，平清盛当上了太政大臣。这是武士阶层首次有此殊荣。虽然平氏政权最终短命，却在经济、文化上都留下了深深的烙印。

经平治之乱击败对手源氏后，凭借武力，平清盛在朝廷里的发言权大大提升。

清盛深得皇室公家器重，甚至有传闻称他是白河院（白河天皇）的私生子。他效仿藤原氏的摄关政治，一手把持朝政大权。平清盛血统不如藤原氏高贵，便以武力弥补，将一门女子尽数奉于天皇后宫，倚靠裙带关系介入人事任免，独占高位大权。清盛之妻的异母妹妹平滋子所生之子成了高仓天皇，高仓天皇又娶了清盛的女儿德子（即日后的建礼门院）为中宫，生安德天皇。武家出身的清盛最终登上了太政大臣之位，成了名副其实的掌权者。这虽是件划时代的任命，但平氏得权的方式并非武家手段。所以，准确地说，这是由武家确立的公家政权。平氏成功攀上庙堂，深受公家影响，甚至因此懈怠了弓马操习，这为此后源氏的成功反击埋下了伏笔。

此外，平氏政权在西海（濑户内海、长崎一带）附近扩充势力，在文化和经济领域的诸多建树也令人啧啧称奇。如扶持严岛神社（现为世界文化遗产）、修整大轮田码头（现神户港）、与当时统治中国南部的南宋王朝开启日宋贸易等，可以说在短时间内拥有了丰硕的成果。经由日宋贸易流入日本的宋铜钱被广泛用于商业活动中，对推动平氏当政时期的货币经济做出了贡献。

[平家和天皇家]

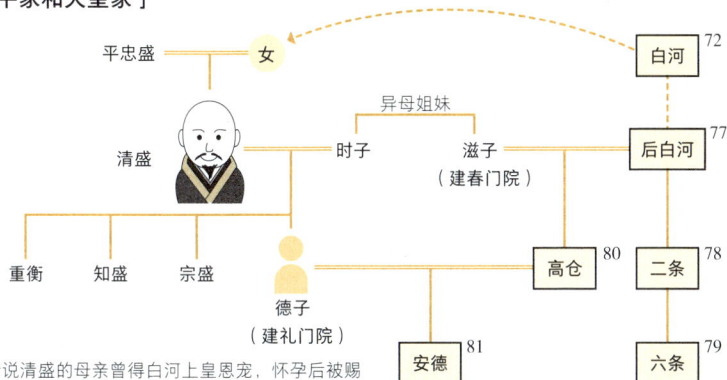

传说清盛的母亲曾得白河上皇恩宠，怀孕后被赐予臣子平忠盛，所以平清盛确有可能是白河上皇的私生子。

[日宋贸易]

平清盛

主要出口商品	主要进口商品
矿物（铜、硫磺等）、木材、工艺品（漆器、日本刀等）	铜钱、陶瓷、丝织品、画、书籍、文具、香辛料、高丽人参、红花（药材）等 ※ 注释：铜钱在日本作为货币流通

年表

1167年	担任太政大臣。
1168年	出家，自称入道相国。
1169年	把大本营安在福原（现兵库县神户市）。
1170年	在福原会见南宋使者。
1173年	修整大轮田码头。
1177年	与后白河法皇对立。
1179年	囚禁后白河法皇。
1180年	迁都福原。

为将此前最远只到北九州的宋船引入近畿一带，平清盛特意修整了大轮田码头，并修建严岛神社，祈求航行安全。

（平安时代）

源平合战——治承·寿永之乱

平氏将朝中官位悉数收入囊中，终于招来天皇的猜忌，皇室下旨"剿灭平氏"。以源氏为中心，各地武士集团闻血出动，群雄并起。

　　骄傲跋扈如平氏，霸占朝中高位，独揽朝纲，甚至强迫天皇退出政界。抱着"看尔横行到几时"的心情，后白河天皇和其亲信暗中谋划要除掉平氏。1177年，鹿谷密谈一事泄露，以俊宽为首，多人被平清盛兴师问罪。但讨伐平氏的命令，终究还是在1180年由皇子以仁王发了出去。以仁王自己则联合因"驱除怪鸟鵺"闻名的武士源赖政，与平家军在宇治平等院激战。经源行家之手，讨伐平氏的命令传至诸国的源氏，因此，各地纷纷树起了反平氏的旗帜。这便是治承·寿永之乱，通称"源平合战"的开始。

　　被流放至伊豆半岛的源赖朝，依靠丈人家北条氏为首的关东武士集团之力举兵。虽然同平氏第二次交手早早便吃了败仗，但他在整肃军容之后，重新于富士川击败平家军。平家军退去后，源氏并未乘胜追击，而是以镰仓为据点，招兵买马，经略关东。另一边，源义仲也在信浓国木曾谷举起了反平大旗。精力充沛的义仲成功将平氏一门赶出京都，因此得到了朝廷和公家的隆重欢迎。然而，义仲终究没法适应京城里复杂的政治斗争，反而为其所害，被同族的义经奉朝廷之命剿灭于宇治川。势头正盛的源义经乘胜与兄长源范赖一起，重新开始追讨平氏，在一之谷、屋岛等地连战连胜，最终于1185年的坛浦之战中，将平氏一族尽数剿灭。

　　对于曾经飞扬跋扈的平氏而言，1179年痛失理智派嫡长子重盛，以及2年后一门之主平清盛病逝，堪称致命的转折点。

［源平合战（治承·寿永之乱）］

源赖政

源赖朝、源义经等人的亲戚。为讨伐平氏，联合以仁王共同举兵。兵败身死。

源赖朝

取得富士川大胜后，在镰仓安坐如山，命弟弟源范赖和源义经与平氏交手。

源义仲

源赖朝、源义经等人的堂兄弟。虽将平氏驱出京都，但却遭后白河天皇构陷，被源义经消灭。

源义经

源氏大将，接连取得一之谷战役和屋岛战役的胜利，最终在坛浦消灭了平家。

年表		
1180年	4月	以仁王（后白河法皇之子）命令各地源氏讨伐平家。
	5月	以仁王和源赖政共同举兵。兵败。
	8月	源赖朝在伊豆举兵。在石桥山战败后逃往安房。
	9月	源义仲在信浓举兵。
	10月	富士川战役，源氏大败平氏。
1181年	闰2月	平清盛去世。
1183年	5月	俱利伽罗山巅之战。
	7月	平氏逃出京都，义仲入京。
1184年	1月	宇治川之战。
	2月	一之谷之战。
1185年	2月	屋岛之战。
	3月	坛浦之战，平家灭亡。

源氏跃进之路

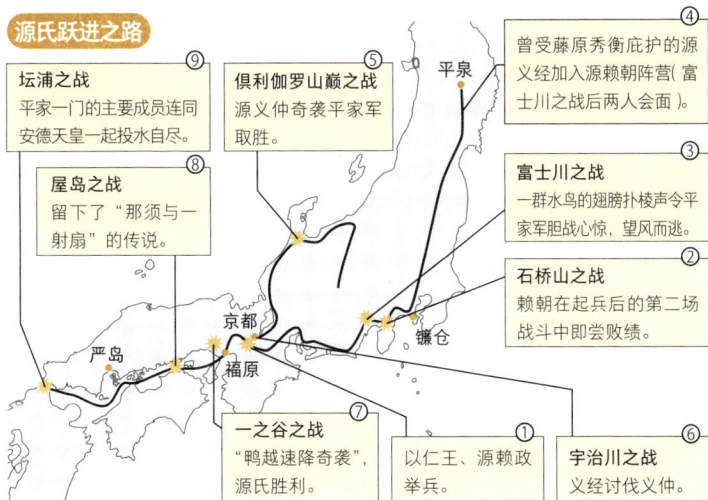

⑨ **坛浦之战**
平家一门的主要成员连同安德天皇一起投水自尽。

⑧ **屋岛之战**
留下了"那须与一射扇"的传说。

⑤ **俱利伽罗山巅之战**
源义仲奇袭平家军取胜。

④ 曾受藤原秀衡庇护的源义经加入源赖朝阵营（富士川之战后两人会面）。

③ **富士川之战**
一群水鸟的翅膀扑棱声令平家军胆战心惊，望风而逃。

② **石桥山之战**
赖朝在起兵后的第二场战斗中即尝败绩。

⑦ **一之谷之战**
"鹎越速降奇袭"，源氏胜利。

① 以仁王、源赖政举兵。

⑥ **宇治川之战**
义经讨伐义仲。

平泉　镰仓　京都　福原　严岛

No.25

（镰仓时代）

源赖朝与镰仓幕府

以武力扳倒平氏的源赖朝及其手下（称"御家人"），希望将战胜的大好局面和既得利益通过某种制度加以巩固。思前想后，结论便是幕府制度。

　　1184年，在坛浦之战溺死政敌平氏后，以源赖朝为首的镰仓武士团堪称当时最强的武装集团。可惜这一实力变化并未反应在既有的制度上，朝廷和公家依然高高在上。想要巩固自己流血流汗好不容易才取得的势力，肯定不能就这么沿用既有制度。镰仓武士们拿出的方案是以东国为中心，建立一个临时地方政权。先在一处巩固既得利益，造出先例后再使其影响扩大，这原本也是日本历代统治者惯用的伎俩。

　　1185年，赖朝搞到了追捕异母弟、曾在讨伐平氏中立下大功的源义经的院宣（上皇、法皇的命令），便以实施此命令为借口，设守护与地头两职位，将分封、监管诸国的大权攥在手中。现在一般认为这便是幕府成立之时。此后，镰仓幕府在衣川解决了源义经，又消灭了曾经庇护义经的奥州藤原氏。1190年，赖朝上京拜谒后白河法皇，被任命为权大纳言兼右近卫大将。但因为听大江广元等幕僚说这一职位对于巩固临时政权毫无帮助，赖朝1个月后便主动请辞。法皇死后的1192年，赖朝终于得到了惦记已久的征夷大将军之位。将军在外，实际上掌握着临时决定权。扩大解释后，便可充当武家统治地方的合法性依据。顺带一说，幕府实际上是将军在外的临时司令部，这一将临时机构永久化的创举堪称经典。

[赖朝消失的对手们]

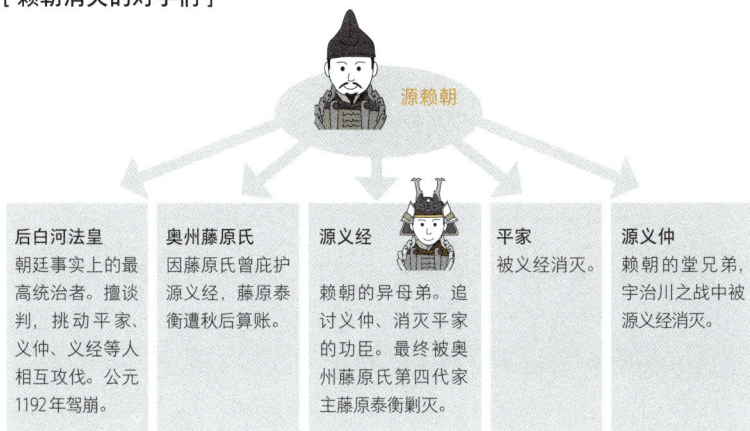

源赖朝

后白河法皇
朝廷事实上的最高统治者。擅谈判，挑动平家、义仲、义经等人相互攻伐。公元1192年驾崩。

奥州藤原氏
因藤原氏曾庇护源义经，藤原泰衡遭秋后算账。

源义经
赖朝的异母弟。追讨义仲、消灭平家的功臣。最终被奥州藤原氏第四代家主藤原泰衡剿灭。

平家
被义经消灭。

源义仲
赖朝的堂兄弟，宇治川之战中被源义经消灭。

[赖朝政权合法化、常设化的经过]

家主、合法权威

赖朝政权

政治智囊
大江广元等

武力保障
镰仓武士团
（御家人）
北条时政
（赖朝之妻北条政子之父）
北条义时
（政子的弟弟）
等等

赖朝政权

年表

1184 年	坛浦之战，平家灭亡。
1185 年	后白河法皇下令追讨功臣源义经。
➡	从武士转为官僚的赖朝，欲肃清可能成为自己政敌的人。长于军事战略却缺乏政治眼光的义经不幸成为肃清对象。 以追讨义经为借口，在各地设置守护、地头。
➡	赖朝取得原来由朝廷垄断的人事大权，意味着幕府事实上成为独立的政权。
1189 年	奥州藤原氏在平泉传承三代。在家主更替，第四代家主藤原泰衡刚接位的节点上，接到了赖朝命令，命其追讨曾庇护过的义经。 虽然泰衡遵照命令讨伐了义经，但赖朝依然以"包庇义经的罪责难消"为由，将泰衡灭亡。
1190 年	赖朝被朝廷任命为权大纳言兼右近卫大将。
➡	尽管赖朝被朝廷认证为武家首领，但此职位对巩固关东的独立政权毫无帮助。不久之后赖朝即辞去此位。
1192 年	赖朝被任命为征夷大将军。

（镰仓时代）

北条氏的执权政治

虽然源赖朝达成了建立武家政权的伟业，但他对于镰仓武士团而言，也不过只是墙上供着的牌位罢了。赖朝死后，北条氏掌握了幕府的实权。

1199年，时年51岁的源赖朝去世，将军之位传给了长子源赖家。然而，源赖家重用妻子的娘家比企氏，引来了其他御家人的不满。出面收拾局面的是赖家的母亲北条政子及其娘家北条氏。北条氏在收拾了实力雄厚的御家人的同时，顺带夺取了赖家的实权，引入合议制。此外，还以谋反之名消灭了比企氏。虽然赖家也曾奋力反抗，但最终只落得个幽闭伊豆修禅寺又被暗杀的结局。

于是，赖家的弟弟实朝便成为第三代将军。早已醒悟自己不过一介傀儡的实朝，选择寄情于公家文化，并暗中谋划逃往宋朝。此事败露之后，实朝被侄子公晓刺杀于鹤岗八幡宫内。

当时教唆公晓的人据传是北条义时和三浦义村。但不管是谁教唆的，公晓最终都因暗杀将军之罪被处死。赖朝的直系血统由此断绝，只剩下镰仓御家人和武家政权本身。

御家人之间是没有贵贱之分的。于是，作为赖朝之妻和赖家、实朝之母娘家的北条氏便利用自己血缘上的权威，扩大势力。虽然未能成功从皇室选出合适的将军人选，她却成功地从九条摄关家带来了一个2岁的孩子（即此后的九条赖经），并立为将军。北条氏从此作为摄家将军和亲王将军的辅佐者，代代掌握幕府实权，将有实力的御家人一个个消灭殆尽，成功树立了执权政治，并保证了其延续性。其政权宛如藤原家摄关政治的再现。

［镰仓幕府的源氏将军］

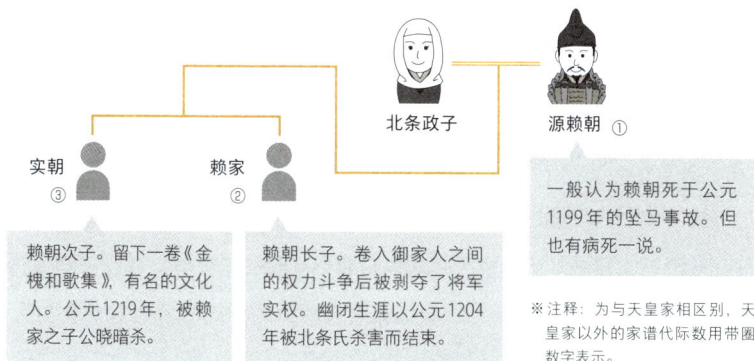

北条政子　　源赖朝 ①

实朝 ③　　　赖家 ②

赖朝次子。留下一卷《金槐和歌集》，有名的文化人。公元1219年，被赖家之子公晓暗杀。

赖朝长子。卷入御家人之间的权力斗争后被剥夺了将军实权。幽闭生涯以公元1204年被北条氏杀害而结束。

一般认为赖朝死于公元1199年的坠马事故。但也有病死一说。

※注释：为与天皇家相区别，天皇家以外的家谱代际数用带圈数字表示。

［北条氏］

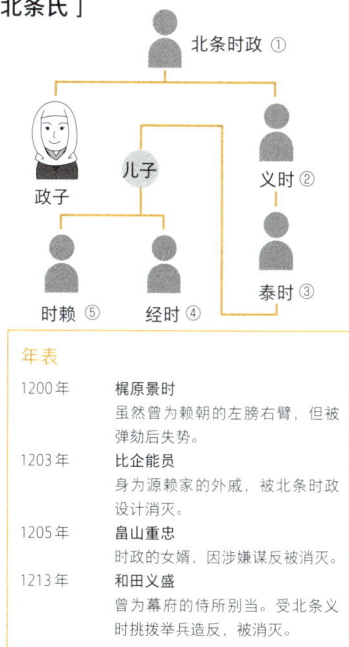

北条时政 ①

政子　　儿子　　义时 ②

时赖 ⑤　　经时 ④　　泰时 ③

年表

1200年　**梶原景时**
虽然曾为赖朝的左膀右臂，但被弹劾后失势。

1203年　**比企能员**
身为源赖家的外戚，被北条时政设计消灭。

1205年　**畠山重忠**
时政的女婿，因涉嫌谋反被消灭。

1213年　**和田义盛**
曾为幕府的侍所别当。受北条义时挑拨举兵造反，被消灭。

［摄家将军与亲王将军］

	代数	镰仓将军
摄家将军	4	**九条赖经**（1226—1244年在位） 与第4代执权北条经时的关系恶化后，被迫让位于儿子赖嗣
	5	**九条赖嗣**（1244—1252年在位） 受了行和尚谋反一事牵连，被解除将军之位，送还京都
亲王将军	6	**宗尊亲王**（1252—1266年在位） 因妻子与和尚私通之事被告谋反，被解除将军之职
	7	**惟康亲王**（1266—1289年在位） 宗尊亲王之子。因在位时间太长受北条氏猜忌而被解职
	8	**久明亲王**（1289—1308年在位） 惟康亲王的堂兄弟，后深草天皇之子。最后也被北条氏解职，送还京都
	9	**守邦亲王**（1308—1333年在位） 久明亲王之子。母亲是惟康亲王的女儿。是在任时间最长的镰仓幕府将军

（镰仓时代）

承久之乱

幕府与朝廷并立的局面令朝廷坐立难安。源氏将军血脉断绝后，为恢复皇权，鸟羽上皇挺身而出。

　　第3代将军实朝被公晓暗杀，公晓也因此被处死。源氏将军从此绝后。幕府从摄关家迎来了新将军，并在执政北条义时的指挥下，讨伐了其父时政的政敌和田义盛。北条义时一身兼任侍所、政所的最高领袖"别当"，建立了新的体制。

　　这厢，治天之君后鸟羽上皇认为"原本与其他御家人身份相同的北条氏，没有统帅各家的能力"，借机下达了追讨北条义时的院宣。原以为该命令针对的是义时个人而非幕府，应该能引诱幕府的御家人们脱离义时阵营才是，不料事态却因源赖朝的遗孀北条政子一番声泪俱下的演说而改变。从赖朝之前武士们的悲惨境遇，说到赖朝解放武士们的大恩，政子的这番演说令东国武士们群情激昂。幕府军分北陆道、东山道、东海道三条路线进攻上皇军。北条泰时率主力大军在美浓国遭遇上皇军，后者望风而逃，幕府军不战而胜。其他两队也向着京城进发，并在宇治川击溃上皇军，占领京城。幕府军取得了压倒性的胜利。后鸟羽上皇和顺德上皇分别被流放至隐歧岛和佐渡岛。当时在位的大皇则被迫退位，还被叫作九条废帝（死后被追封为仲恭天皇）。曾经反对讨幕的土御门上皇虽然得到宽大处理，但他请求自我流放到土佐，于是出现了由幕府左右朝廷人事这种前所未闻的事。动乱平息后，为了监督朝廷，幕府在京城设置了六波罗探题这一机构。镰仓幕府虽然表面上仍是地方政权，但实际上已部分上升为中央政权了。

［承久之乱］

```
后白河 77
  │
高仓 80
  │
安德 81 ─ 后鸟羽 82 ─── VS ───
  │
顺德 84   土御门 83
  │
九条废帝 85
（仲恭天皇）
```

镰仓幕府

北条义时
第 2 代执权

北条泰时
义时之子，后来
的第 3 代执权

北条政子

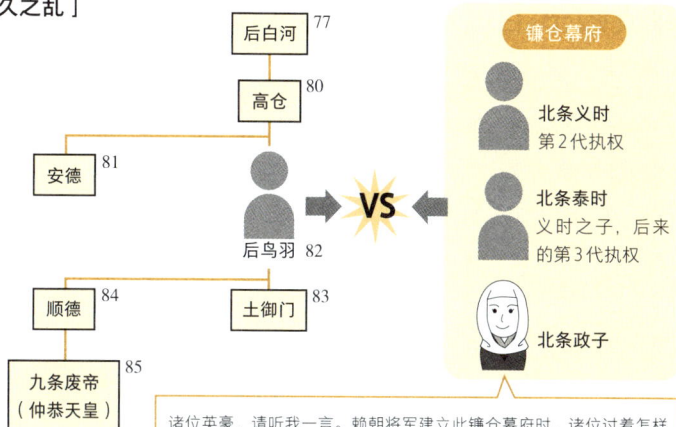

诸位英豪，请听我一言。赖朝将军建立此镰仓幕府时，诸位过着怎样的日子呢？天皇和公家什么也不做，只凭一道命令便将武士们远召至京城为他们效命。待诸位拖着疲惫之躯回来时，自己在刀山火海里打滚换来的土地却不被承认所有权，身份也毫无保障，这难道不过分吗？所以，这才有了属于武士们的幕府。又是谁让大家有能力守护自己的土地呢？难道不是如今已西去的赖朝将军吗？
可是诸位却忘了赖朝殿下的大恩。如果你们想像从前一样，仰仗公家的鼻息过活，我绝不阻拦。赶快从这里滚吧，滚去那位上皇身边吧。

上皇军在各地遍尝败绩，最后主动在宇治川迎战幕府军，但还是失败了。京都落入了幕府军之手。

（镰仓时代）

《御成败式目》与得宗专制体制的确立

上皇和天皇被逼得流放的流放、退位的退位，幕府的权势不可谓不大。北条泰时还制定了正经八百的武家法律《御成败式目》。然而，即便是这样的北条氏，依然无法逃脱权力腐败的定律。

室町幕府在第3代足利义满时达到鼎盛期，江户幕府也是在第3代德川家光时攀上顶峰的。恰好在第三代舵手执掌时臻达兴盛之巅的政权不在少数。若从北条时政算起，镰仓幕府也是在第3代北条泰时掌权时迎来了鼎盛时期。泰时自小优秀，赖朝对其疼爱有加；承久之乱时他担当总大将，和叔父时房一起在京都负责处理战后的事宜。然而踌躇满志地接过大权没多久，泰时便遭遇了继母谋反和政子去世等难关。他妥善处理了这些问题后，与叔父共同构建了二元权力体制。1232年，最早的一部武家法律《御成败式目》（贞永式目）问世。和舶来的公家法律相比，"式目"是日本本土习惯法的成文化，可以说发祥于日本本土。此后到江户时代为止，该法案一直是武家法律的基本样本。

剪除来自外部的威胁后，北条氏开始忧心内部争斗。泰时成为家中的得宗（掌权者，前期一般为家督）后，为了区别于其他非嫡系族人，发展了称为"得宗专制"的政治体制。然而到了后期，正如北条得宗家族借执权的权力架空将军一样，他们自己也被以内管领为首的、手握管家权力的御内人们架空了。

泰时这一代的将军是九条赖经，他长大成人后曾企图夺回权力，泰时的继任者北条经时挫败了他的企图，另立赖经之子赖嗣为将军。但此后又以"与父亲连坐"为由强迫赖嗣退位，引来宗尊亲王继任，成为亲王将军。然而，宗尊亲王也因为成人后想夺权而被迫退位。历史不断重演。

[北条氏得宗家]

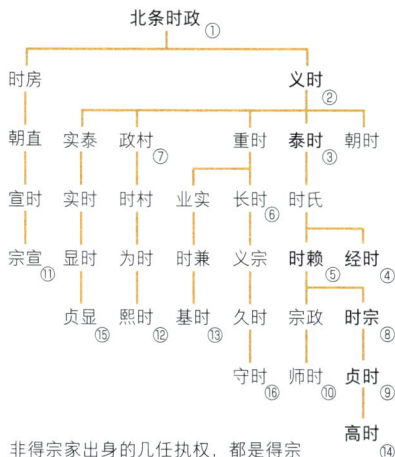

北条时政①
时房　　　　　义时②
朝直　实泰　政村⑦　重时　泰时③　朝时
宣时　实时　时村　业实　长时⑥　时氏
宗宣⑪　显时　为时　时兼　义宗　时赖⑤　经时④
贞显⑮　熙时⑫　基时⑬　久时　宗政　时宗⑧
守时⑯　师时⑩　贞时⑨
高时⑭

非得宗家出身的几任执权，都是得宗家嫡长子成年之前的踏板。

[御成败式目]

第3条
守护的职责是大番催促（即命令御家人充当京都、镰仓的警戒护卫），惩治谋反者和杀人犯。此外，非拥有领地者，即便世代均为御家人，亦不可随意就任大番工作。

第7条
给予御家人的领地，即便有争议，其正当权利也不可被剥夺。

第8条
御家人管理超过20年的土地，不必还给原来的领主（贵族、寺院等）。

第10条
夺人性命者属杀人罪，可判处死刑或流放，没收财产。若罪犯的父或子与罪案无关，则无罪。

第12条
恶言相向乃纷争之源，故禁止。情况恶劣的可判处流放之刑，情节较轻的也应入狱。

第13条
御家人以暴力伤人当没收领地。没有领地则处以流放之刑。不是御家人的，以暴力伤人则应入狱。

[镰仓幕府的政治机构]

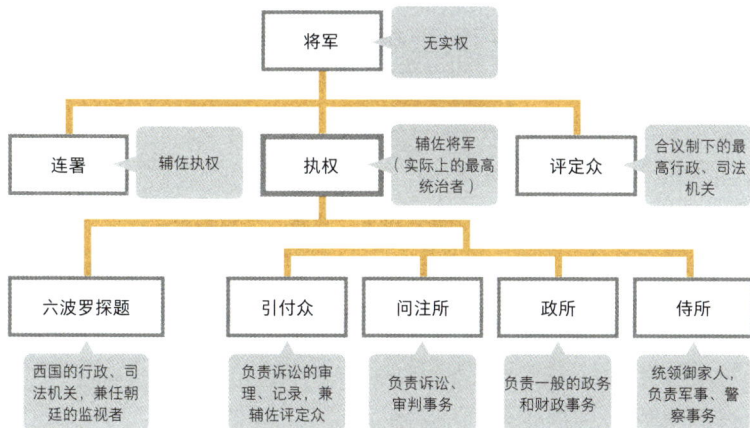

将军　——　无实权

连署　——　辅佐执权
执权　——　辅佐将军（实际上的最高统治者）
评定众　——　合议制下的最高行政、司法机关

六波罗探题　——　西国的行政、司法机关，兼任朝廷的监视者
引付众　——　负责诉讼的审理、记录，兼辅佐评定众
问注所　——　负责诉讼、审判事务
政所　——　负责一般的政务和财政事务
侍所　——　统领御家人，负责军事、警察事务

（镰仓时代）

元寇和镰仓幕府的崩溃

北条镰仓幕府成功击退了被称为"史上最强"的游牧民族。然而战争令国力疲乏，最终招致了体制的崩溃。对胜利意义的错误解释，到几百年之后依然危及日本这个国家的兴亡。

蒙古人缔造了世界史上版图最大的帝国。成吉思汗统一了蒙古各部，开启对外征伐。他建立了横跨欧洲、中国的巨大帝国，帝国却在子孙手中走向分裂。当时统治中国的是忽必烈。忽必烈模仿汉人建国号为"元"，在朝鲜半岛上征服了高丽，并迫近日本。

为了让日本归降，元帝国可谓软硬兼施。日本朝廷十分软弱，幕府却展示出强硬的态度。在此危难之秋，幕府执权之位上坐的是北条时宗。在全幕府上下团结一致的支援下，以设置异国警固番役为始，北条时宗着手迅速整肃军备。与黑船来航时只知拖延时间的江户幕府相比，简直是云泥之别。

元军于1274年、1281年两度来犯，并在北九州登陆。以九州武士为中心的日本军队凭借集团战术和火药勉力为战，利用敌人长途奔袭的疲乏和不熟悉海战的弱点，加上暴风雨等天气的助威，成功击退元军。然而，这种侥幸也孕育了盲目乐观的神国思想。

虽然打了胜仗，但也大大消耗了己方的实力。此战乃防御战，所以胜利并未带来新的领地，功勋之将便也无从封赏。为防备第三次入侵而修复的石壁和配置的兵力也只能勉力维持。1284年，时宗去世。痛失首领的幕府再次陷入内部纷争中。为解救日益贫穷的御家人，幕府颁布永仁德政令，将御家人的欠债一笔勾销。但这仅能解一时之急。幕府上上下下的不满不断积累，灭亡的种子已悄然发芽。

［元寇］

元军使用的"火铳"是一种填充火药的武器，会发出爆炸声。马匹常因此受惊。

蒙古人的活动范围

幕府的防御准备

· 命令九州的御家人设置异国警固番役。
· 在长门（今山口县）设置长门警固番役。
· 制作大田文，记录兵力、粮草、辎重等调配的账目。
· 从非御家人、寺庙等处调配兵员、物资等。

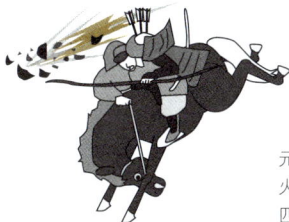

北条时宗
（八代执权）

［战后］

年表

1268 年	北条时宗就任第 8 代执权。
1271 年	元朝使者来日，幕府不允许其进入日本。
1274 年	元朝袭击博多湾（文永之战）。激战后，日军将其击退。
1275 年	为防元军再度来袭，在博多湾周边设置石制工事。
	元朝使者再次来访，幕府将其带到镰仓并处死。
1281 年	元军再次来袭（弘安之战）。适逢台风，元军船只多有沉没，再次被击退。

元军来袭的前后经过及结果

获胜一时令幕府威名远扬，非御家人和寺院也被其收入旗下。幕府的影响力扩张至九州及西日本一带。

⬇

无法对有功之臣论功行赏，导致御家人不得不自行承担战争开支，陷入疲敝之中。

⬇

为救济御家人，幕府出台永仁德政令，将御家人的借款一笔勾销。

⬇

虽然解了一时危机，却导致御家人对外借钱困难，生活越发贫苦。

⬇

对幕府的不满日益增强。

（镰仓时代）

镰仓文化与镰仓新佛教

因武士气质使然，镰仓文化呈现出质朴刚健的风貌。佛教领域，以禅宗为起点，新教派风行一时，被称为镰仓新佛教。

镰仓文化带有强烈的武家气质，风格质朴刚健。建筑里具有代表性的要数武家造的东大寺南大门和圆觉寺舍利殿。美术方面有运庆、快庆雕刻的金刚力士像等。镰仓时代，曾编纂《小仓百人一首》的藤原定家又编纂了《新古今和歌集》。说起武家风格的文学作品，则要数以琵琶法师边弹边唱，令闻者流泪的《平家物语》为代表的军记物语。此外，乱世中自然也孕育了感叹世事无常、荣辱兴衰的《徒然草》（吉田兼好著，本姓卜部）和《方丈记》（鸭长明著）这样的作品。

佛教领域，因武家风潮使然，那些修行方式和理论简明易懂的宗派聚集了大量信徒，被称为镰仓新佛教。主要侍奉阿弥陀佛的净土宗系佛教中出现了法然的净土宗和亲鸾的净土真宗。前者推崇口念"南无阿弥陀佛"的念佛法门，后者的他力本愿和恶人正机说也引起不小的反响。一遍和尚的时宗，以舞蹈念佛表达往生的喜悦之情，因通俗易懂而脍炙人口，其信徒被称为"时众"。到了室町时代，时众们在各个领域都有活跃的表现。以坐禅求开悟的禅宗，出现了荣西的临济宗和道元的曹洞宗等代表派别，他们在幕府的保护之下得以壮大。另外，此时还有日莲的日莲宗，以《法华经》为唯一真经，称南无妙法莲花经，并以此攻击排斥其他宗派。尽管受到了幕府的打击，但由于坚持信仰的纯粹性，日莲宗的信徒们大多给后世留下了深刻的影响。

［镰仓文化］

建筑

东大寺（南大门、开山堂）
功山寺（佛殿）
莲华王院（三十三间堂）
明王院（本堂）

雕刻

金刚力士立像（东大寺南大门）
龙灯鬼立像（兴福寺）
空也上人立像（六波罗蜜寺）

文学

《新古今和歌集》（和歌集）
《金槐和歌集》（和歌集）
《山家集》（和歌集）
《宇治拾遗物语》（说话集）
《十训抄》（说话集）
《古今著闻集》（说话集）
《十六夜日记》（日记·纪行文）
《平家物语》（军记物语）
《保元物语》（军记物语）
《平治物语》（军记物语）
《源平盛衰记》（军记物语）
《水镜》（历史物语）
《吾妻镜》（史书）
《愚管抄》（史论）

《徒然草》（随笔）

> つれづれなるままに、日くらし、硯に向かひて、心にうつりゆくよしなしごとを、そこはかとなく書きつくれば、あやしうこそものぐるほしけれ。

《方丈记》（随笔）

> 行く川の流れは絶えずして、しかも、もとの水にあらず。よどみに浮かぶうたかたは、かつ消えかつ結びて、久しくとどまることなし。

［镰仓新佛教］

	净土宗系			禅宗系		法华宗
	净土宗	净土真宗	时宗	临济宗	曹洞宗	日莲宗
开山始祖	法然	亲鸾	一遍	荣西	道元	日莲
教理	一心一意念诵"南无阿弥陀佛"就能往生极乐净土	全心倚仗阿弥陀如来即可（他力本愿），恶人更应如此	即便信仰之心不足，只要口念佛言即可得救。在全国推广舞蹈念佛的法门	通过与上师的问答，自行开悟（公案）	一心坐禅，求得开悟（只管打坐）	口念"南无妙法莲花经"即可得救。强力批判其他宗派
主要典籍	《选择本愿念佛集》	《叹异抄》	《一遍上人语录》	《兴禅护国论》	《正法眼藏》	《立正安国论》
中心寺院	知恩院	本愿寺	清净光寺	建仁寺	永平寺	久远寺

（镰仓时代）

镰仓幕府的覆灭

后嵯峨上皇的目光短浅导致了两统迭立。幕府通常扮演居中调停的角色，但到了后醍醐天皇这代，这位想让自己的儿孙继承皇位的天皇亲自出马，举起了倒幕的大旗。

北条时宗的嫡长子贞时为了解救御家人，出台了永仁德政令，一笔勾销了御家人的欠款。但这种暂时的措施反而导致御家人连钱也借不到了，贫苦困顿更甚此前。

此后，因贞时突然去世，年仅9岁的高时继任执权之位。北条家的管家、内管领长崎高资则担任执政。幕府内部御家人之间的矛盾越发严重。

朝廷这边，因后嵯峨天皇目光短浅，导致皇统分裂为以其第二皇子后深草天皇为首的持明院统，和以后深草天皇的异母兄弟龟山天皇为首的大觉寺统两派（"统"为"皇统"之意）。收拾不了这个烂摊子的朝廷，接受了幕府"两统迭立"的建议，决定由两派轮流继承皇位。然而，大觉寺统的后醍醐天皇想把皇位传给自己的子孙，未能如愿的他勃然大怒，决意倒幕。

倒幕计划连续失败了两次（正中之变、元弘之变）。后醍醐天皇也被流放到了隐岐。这时，继承了天皇意志的皇子护良亲王，和因不愿依附幕府而被称为"恶党"的贵族、河内的楠木正成挺身而出，将幕府军拖入苦战之中。诸地对幕府早有不满的武士们一个接一个地加入朝廷军。为控制局势，幕府派出了执权北条守时的妹夫，出身源氏名门的足利高氏（即后来的足利尊氏），不料高氏旋即反水，反过来击破了六波罗探题。同样出身源氏名门的新田义贞和高氏之子义诠联手击破幕府的根据地镰仓。于是，1333年，镰仓幕府灭亡。次年后醍醐天皇开始亲政（建武新政）。

[持明院通和大觉寺统]

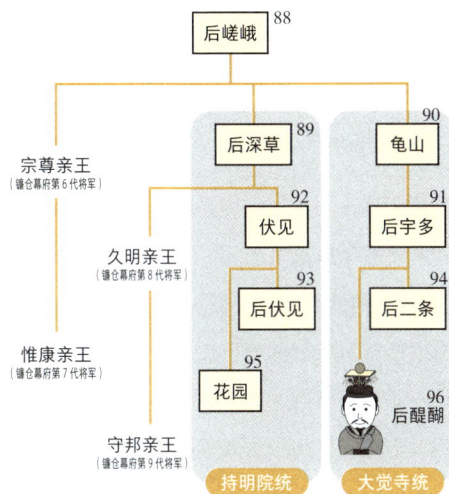

后嵯峨 88

宗尊亲王
（镰仓幕府第6代将军）

久明亲王
（镰仓幕府第8代将军）

惟康亲王
（镰仓幕府第7代将军）

守邦亲王
（镰仓幕府第9代将军）

后深草 89 ── 伏见 92 ── 后伏见 93 ── 花园 95

龟山 90 ── 后宇多 91 ── 后二条 94

后醍醐 96

持明院统　　大觉寺统

[足利氏和新田氏]

无论是足利氏还是新田
氏，都同清源氏有着
千丝万缕的联系。

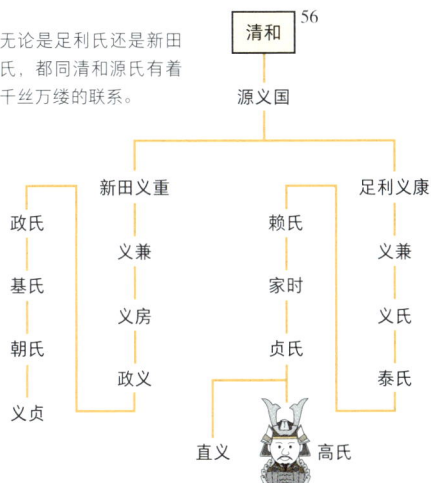

清和 56

源义国

新田义重 ── 义兼 ── 义房 ── 政义

政氏
基氏
朝氏
义贞

足利义康 ── 义兼 ── 义氏 ── 泰氏

赖氏 ── 家时 ── 贞氏

直义　　高氏

所谓"恶党"是？
打倒镰仓幕府的势力来源，其一是反对幕府的实力派御家人，其二则是因反抗幕府或领主而被剥夺庄园、年贡的武士集团，当时被称为"恶党"。楠木正成正是"恶党"之一。

（南北朝时代）

建武新政

大人物们的——己私欲和普罗大众的求变之心——拍即合之时，便是历史的车轮转动之日。等到有朝一日，双方发觉彼此道不相同，则又成动乱生发之始。

消灭了镰仓幕府之后，后醍醐天皇下一步的目标是重建上古时代那样的"天皇亲政"制度。这也是其本人的理想。

这一实为复古的"新政"，史称"建武新政"。溯其源头，不过是后醍醐天皇一人的私怨。但王公贵胄们的私怨私欲成为历史变迁的动因，本也是历史规律之一。然而，仅凭这一条是不够的。另一个必不可少的条件是民众的呼声。这两项在某一时刻偶然重叠，历史中改天换地的转折点就出现了。

虽称新政，但本次改革不过是新瓶装旧酒，故遭到了武士阶层，乃至一部分贵族的强烈反对。失去倒幕及打倒北条氏专制这一共同目标之后，各派势力再次分裂，聚散反复，互相征伐。群雄割据更甚于（日本）战国时代。军记物语《太平记》所描述的这个时代，真实地展现了什么叫"昨日之敌难为今日之友，昨日之友却成今日之敌"。《太平记》这一书名本身亦不无嘲讽意味。身为后醍醐天皇之子，一心想成为"征夷大将军"却未能如愿，又被父皇抛弃，最终含恨而亡的护良亲王；忠孝两难全，在于己有知遇之恩的天皇和自己的族人之间苦苦挣扎的楠木正成；不甘于"万年第二"，却因好高骛远而招来杀身灾祸的新田义贞；胸襟博大又骁勇善战，但因为人太过恭良，一度陷于混乱，濒临失败的足利尊氏；他的弟弟，有很高的政治才能，却完全不会打仗的足利直义。从这些人物的百态故事中，我们可以得到的教训、经验数不胜数。

［ 建武新政时期的政治构造 ］

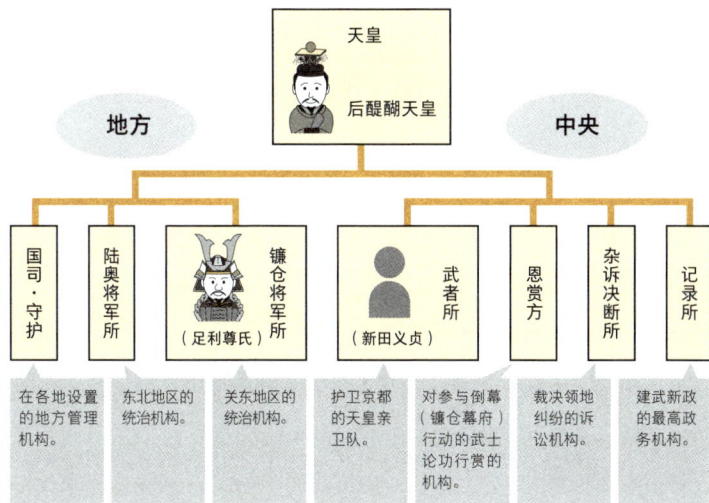

天皇
后醍醐天皇

地方　　　　　　　　　　　　　　中央

国司·守护	陆奥将军所	镰仓将军所（足利尊氏）	武者所（新田义贞）	恩赏方	杂诉决断所	记录所
在各地设置的地方管理机构。	东北地区的统治机构。	关东地区的统治机构。	护卫京都的天皇亲卫队。	对参与倒幕（镰仓幕府）行动的武士论功行赏的机构。	裁决领地纠纷的诉讼机构。	建武新政的最高政务机构。

［ 南北朝对立示意图 ］

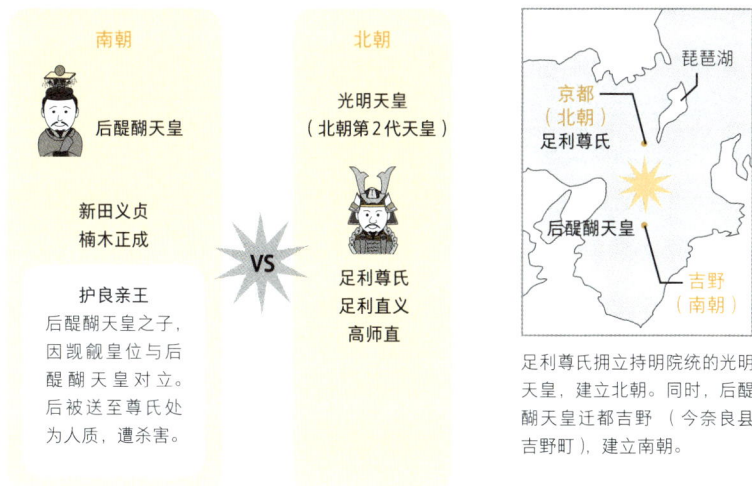

南朝		北朝
后醍醐天皇		光明天皇（北朝第2代天皇）
新田义贞 楠木正成	VS	足利尊氏 足利直义 高师直
护良亲王 后醍醐天皇之子，因觊觎皇位与后醍醐天皇对立。后被送至尊氏处为人质，遭杀害。		

琵琶湖

京都（北朝）
足利尊氏

后醍醐天皇

吉野（南朝）

足利尊氏拥立持明院统的光明天皇，建立北朝。同时，后醍醐天皇迁都吉野（今奈良县吉野町），建立南朝。

（南北朝时代）

南北朝的对立与室町幕府的开始

足利尊氏拥立光严上皇为主君，与后醍醐天皇分庭抗礼，自己则出任征夷大将军。后醍醐天皇虽败走吉野，却依然坚持自己才是唯一正统之士。双方各不相让，争斗不休，南北朝由此拉开序幕。

对后醍醐天皇及其新政大失所望的武士们聚于足利尊氏麾下，希望由其出面改善事态。足利尊氏素有仁爱之名，又因善战颇得人望。为了武士们的利益，尊氏举起了反后醍醐天皇的大旗。

旗下集结了反新政派武士的足利尊氏，曾一度败于楠木正成、新田义贞、北畠显家等后醍醐派武士之手，虎落九州。此后，又在九州武士们的支持下东山再起，平定九州后，剑指京城（京都）。1336年，尊氏军在凑川与楠木正成、新田义贞率领的后醍醐军激战，连战连胜，成功进驻京都。后醍醐天皇弃城逃往比叡山。

足利尊氏为了取得与后醍醐天皇对等的正统权威，拥立持明院统的光严上皇为天皇（后醍醐天皇为大觉寺统），即光明天皇。1338年，光明天皇下诏拜足利尊氏为"征夷大将军"，室町幕府开始。"室町"即第3代将军足利义满宅邸的所在地。

这厢，原本藏于比叡山的后醍醐天皇转而远遁吉野，但依然一口咬定自己才是唯一正统的天皇血脉。此后便将京城中的持明院统称为"北朝"，吉野后醍醐天皇的大觉寺统称为"南朝"。日本出现了两个朝廷并立相争的景象，进入南北朝时代。北朝的军事实力远胜南朝，然而尊氏此后陷入了与弟弟直义的兄弟阋墙之中，南朝趁机反扑。此后双方你来我往，局面胶着。

［南北朝的主要战役］

丰岛河原之战
1336 年 2 月
成功进军京都的足利尊氏，遭遇
新田义贞、楠木正成、北畠显家
的联军，大败，逃往九州。

藤岛之战
1338 年 7 月
新田义贞在此与支持足利的斯
波高经交战，战死。

箱根·竹下战役
1335 年 12 月
与后醍醐天皇的建武新政唱反调
的足利尊氏，在此与后醍醐天皇
派来的新田义贞激战。胜利。开
始向京都进发。

凑川之战
1336 年 5 月
再次挥师进京的足利尊氏，在
此与新田义贞、楠木正成激战。
正成战死。尊氏获得胜利。

多多良海岸之战
1336 年 3 月
得到九州豪族支持的足利尊氏，在此
击败后醍醐天皇的菊池武敏等人。

［南北朝对立的变迁］

南朝
后醍醐天皇

VS

北朝
足利尊氏

新田义贞　楠木正成

足利直义　高师直

观应之乱后

南朝

北朝激进派
足利尊氏　高师直

后村上天皇

VS

北朝保守派
足利直义　足利直冬
（足利尊氏之子，
足利直义的养子）

年表

1338 年
尊氏就任征夷大将军（室町幕府成立）。
后醍醐天皇在吉野建立南朝。

1339 年
后醍醐天皇驾崩。后村上天皇登基成为
南朝天皇。

1349 年
北朝重臣高师直发兵讨伐尊氏的弟弟足
利直义，令其失势。（观应之乱开始）

1351 年
足利直义联合南朝讨伐高师直，重返政
界。尊氏以归降南朝为条件，向南朝发
去足利直义的讨伐令。

1352 年
败于兄长之手的直义被幽禁而死（也有
毒杀一说）。

（室町时代）

本应成为太上皇的男人——足利义满

统一南北朝，开启勘合贸易、建造金阁寺……足利义满一个人创下诸多伟业。然而就算是他，也未能成功取天皇而代之。

　　给南北两朝间丑陋的争斗画上句点的是第3代将军足利义满。1392年，足利义满与南朝谈判，提议回到镰仓时代的"两统迭立"，即由持明院统和大觉寺统交替继位。这一提案为南朝接受，史称"明德合约"。然而，北朝的后小松天皇薨后，其子称光天皇继位。两统迭立的约定被打破，再次证明了"一旦关系到权力，禅让的约定几乎不会被执行"这一亘古不变的铁律。古今皆是如此。即便在昭和或平成年代的首相选举里，同样的情景依然再三上演。这当中的多数，演变成了既得利益方的利益世袭。利益受损的南朝发起了抵抗运动，史称"后南朝"，但最终渐渐不了了之。

　　除此之外，足利义满还有许多为人熟知的功绩。他借取缔倭寇之机，自称日本国王，同明朝建立了朝贡关系，开启了带来巨大财富的勘合贸易，建造了花御所和每年吸引大批游客前来赏玩的北山政务所（现称"金阁寺"）等。再考虑到正是在这金阁寺中，义满为爱子义嗣举行的元服（成年）仪式，其规格足以比肩亲王这一点，可见义满为树立超过朝廷的权威（虽然已经掌握了实权），可谓殚精竭虑。

　　在改朝换代不被世人接受的情况下，煞费苦心地摆出一副"超过皇家"的架势，也是人之常情。在国内的学术或官僚组织处怀才不遇，于是先在海外成名后又返销日本的人并不少见。但遭遇某些牢不可破、坚不可摧的价值取向或存在既得利益时，想要仅凭自身的某些特质便将其击破，可能性近乎为零。

［南北朝合一］

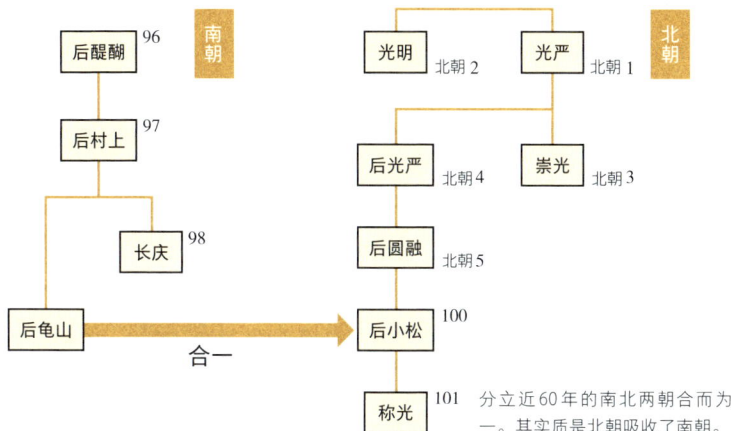

南朝
后醍醐 96
后村上 97
长庆 98
后龟山 ——合一——→

北朝
光明 北朝2 光严 北朝1
后光严 北朝4 崇光 北朝3
后圆融 北朝5
后小松 100
称光 101

分立近60年的南北两朝合而为一。其实质是北朝吸收了南朝。

［足利氏］

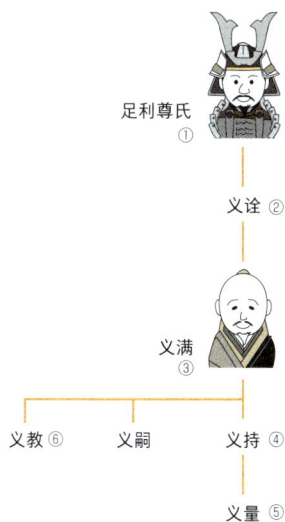

足利尊氏 ①
义诠 ②
义满 ③
义教 ⑥ 义嗣 义持 ④
义量 ⑤

义满的功绩

勘合贸易
虽然是以向明朝称臣的形式进行的贸易，但带来了巨大的好处。义满被明朝封为"日本国王"。

确立室町幕府的统治体系
将军以下设辅佐的"管领"一职，由斯波、细川、畠山三氏轮流担任。关东方面设"镰仓公方"等职，强化有效统治。也有学说认为这些全是在觊觎皇位。

建造花御所、金阁寺
以金阁寺为代表，融合了公家和武家的文化被称为"北山文化"。

义满疏远嫡长子义持，宠爱幼子义嗣。义满死后，义嗣受尽第4代将军义持的冷眼，最后被其杀害。

（室町时代）

万人恐惧——足利义教

那些因好运被天上掉下来的权力馅饼砸个正着的人，大多有锐意改革的倾向。通过抽签登临宝座的第6代将军足利义教，不消说正是如此人物。

　　心心念念想取得超过天皇家威仪的足利义满，没想到却在马上要愿望成真时死于疾病，其野心也随之破产。足利义满死后，朝廷本想追封其为"太上皇"，不料被义满之子，即第4代将军足利义持一口回绝。义持的政策，一语概之，就是对义满的全面否定。除此以外，也有不少如"阻止日本被纳入明朝的册封体系"这样为人称道的政策。然而，他在确定自己接班人的时候却采取了抽签的方式。义持原本立了宠爱的儿子义量为将军，自己退居二线，自称大御所，担任少年义量的监护人。可惜足利义量生来体弱多病，加上常年暴饮暴食，不注意身体，17岁那年就撒手人寰，先父亲而死。原本有才能，却因白发人送黑发人而变得神经兮兮的历史人物有战国时代的三好长庆、长宗我部元亲等，实在数不胜数。仿佛是为了反抗不幸的命运，义持此后一直致力于削弱守护大名，不料事与愿违，在没来得及指定继任者的情况下他就因病去世了。

　　于是下任将军便以抽签的形式，在足利义持那些一度出家的弟弟中产生。最终，任天台宗座主的足利义圆中选还俗，更名足利义教，成为第6代将军。抽签的结果乃神的指引。未借他人半点之力即登上将军宝座的义教，如后世的织田信长一样，致力于亲政。他以嫡系兵力攻下九州，又将武装化的宗教势力收为己用，甚至平定了义满都没能平定的镰仓公方。但与此同时，他那被称为"万人恐惧"的统治方式同样招致了部下的恐惧。赤松满祐、教康父子举兵反叛，义教被杀，政治生涯结束了。

［ 抽签将军·足利义教 ］

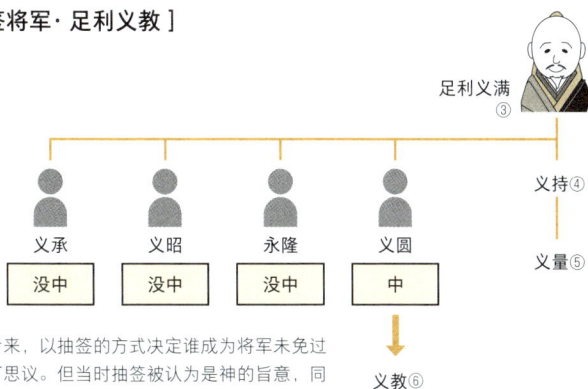

足利义满
③

义承　义昭　永隆　义圆

| 没中 | 没中 | 没中 | 中 |

义持④

义量⑤

义教⑥

现在看来，以抽签的方式决定谁成为将军未免过于不可思议。但当时抽签被认为是神的旨意，同时是一种避免争端、解决问题的手段。

［ 义教的恐怖统治 ］

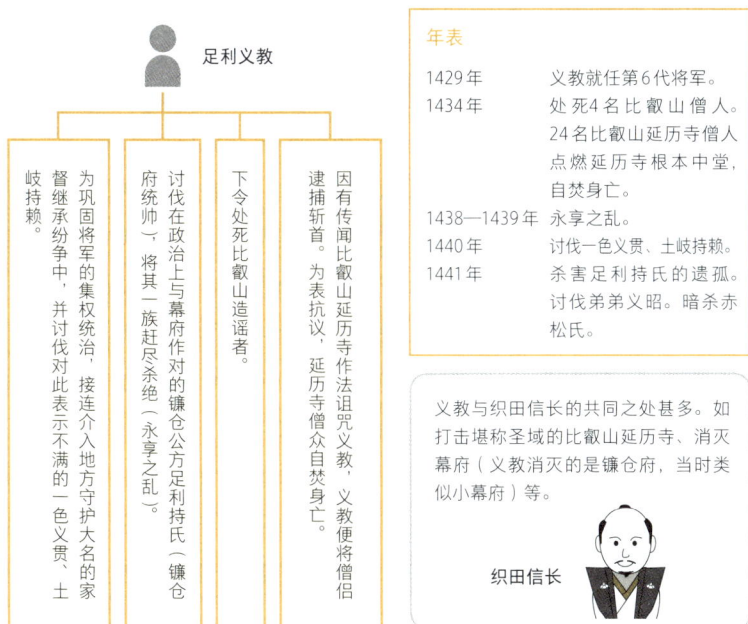

足利义教

因有传闻比叡山延历寺作法诅咒义教，延历寺僧众自焚身亡。为表抗议，义教便将僧侣逮捕斩首。

下令处死比叡山造谣者。

讨伐在政治上与幕府作对的镰仓公方足利持氏（镰仓府统帅，将其一族赶尽杀绝（永享之乱）。

为巩固将军的集权统治，接连介入地方守护大名的家督继承纷争中，并讨伐对此表示不满的一色义贯、土岐持赖。

年表

1429年　义教就任第6代将军。
1434年　处死4名比叡山僧人。
24名比叡山延历寺僧人点燃延历寺根本中堂，自焚身亡。
1438—1439年　永享之乱。
1440年　讨伐一色义贯、土岐持赖。
1441年　杀害足利持氏的遗孤。讨伐弟弟义昭。暗杀赤松氏。

义教与织田信长的共同之处甚多。如打击堪称圣域的比叡山延历寺、消灭幕府（义教消灭的是镰仓府，当时类似小幕府）等。

织田信长

（室町时代）

应仁・文明之乱

一手遮天的足利义教死于家臣的叛乱，幕府势力随之衰减。此后，风流将军足利义政优柔寡断，最终招致应仁、文明之乱，为战国时代的到来埋下伏笔。

　　因义教暴毙，其9岁的儿子义胜被立为将军，但未满1年便早夭离世。义胜的弟弟足利义政成为第8代将军。义政喜爱年长的女性，在艺术文化领域均有造诣，风流潇洒。他成为文人艺术家的资助人没多久，便建造了银阁寺这一"书院造"的代表性建筑。其中的主要元素，如庭院美学、床之间（押板）和违棚（博古架）等对现代和风建筑影响深远，体现了清净和寂的日式美学。然而，一味埋头于个人兴趣的义政在未指定继承人的情况下仓促决定隐居。这为此后的应仁・文明之乱埋下伏笔。

　　因为本代将军无子，所以尽管义政和弟弟义寻约定等其还俗后继位，围绕将军继承人的斗争还是难以避免。虽说不关心政治，义政待人却过于爱憎分明，为了令自己中意的人选成为家督，他不惜插手各大名的家务事，结果引发了大名家的内部骚动。以畠山氏内的家督斗争为起点，幕府的实力派大名细川胜元和山名宗全各自领头，挑起了应仁之乱。"恶妻"日野富子的极力阻挠和义政自身逃避遁世的想法，让他面对动乱采取了袖手旁观的态度，多次错过了结束动乱的良机，以致11年后酿成燎原之祸。只要加入与主家对立的阵营，不仅可以免除"叛徒"的污名，取主家而代之后还可以获得其领地与地位，于是地方上大大小小的势力纷纷各自加入东、西两大阵营参战。事态已经发展到与原本的将军继位之争毫无关系了。此后战祸也未消停。将军的地位被削弱，战国时代的鼓点已慢慢临近。

［应仁·文明之乱的势力示意图］

1467 年

西军	东军
山名宗全	细川胜元
日野富子	足利义视
足利义尚	畠山政长
畠山义就	斯波义敏
斯波义廉	赤松氏
大内氏	京极氏
一色氏	武田氏
土岐氏	
六角氏	
朝仓氏	

VS

1473 年

西军	东军
足利义视	足利义政
畠山义就	日野富子
斯波义廉	足利义尚
大内氏	畠山政长
一色氏	斯波义敏
土岐氏	赤松氏
六角氏	京极氏
	武田氏
	朝仓氏

VS

年表

1449 年	足利义教就任第8代将军。
1454 年	实力派守护大名畠山氏内部爆发继承斗争。
1455 年	日野富子嫁给义政为正妻。
1464 年	义政决定收弟弟义寻（还俗后更名义视）为养子，并立其为将军继承人。
1465 年	日野富子生下儿子（之后的足利义尚）。
1466 年	实力派守护大名斯波氏内部爆发家督继承斗争。
1467 年	应仁·文明之乱爆发。
1468 年	义视、义政对立。义视从东军反水，加入西军阵营。富子、义尚则加入东军阵营。
1471 年	本属西军阵营的朝仓氏倒戈至东军阵营。
1473 年	山名宗全去世。细川胜元去世。义政将将军之位让与义尚。
1477 年	应仁·文明之乱结束。

从应仁·文明之乱中获得的教训

· 掌权者无能将给普通百姓带来大祸；

· 无论什么样的组织，都不可能是铁板一块，坚如磐石；

· 组织的利益和组织中个人的利益不一定相同；

· 个人是按照自己的利益行动的；

· 战争偏离当初目的的可能性越大，即便最初的目的是否达成已一目了然，但战争能否结束依然取决于参战者的意志。所以那些为了最初的目的舍身赴死的人，可能不得不面临白白送死这样悲惨的命运。

（室町时代）

接连发生的自治运动——惣村和一揆（暴动）

随着社会的发展，在广大乡村，打算跟领主们平起平坐的农民聚集，形成了所谓的
惣村。应仁之乱中，领主的权威从云端摔落，各地的惣村随之鹊起，寻求自治。

    应仁之乱中，幕府的权威分裂为东、西两大阵营。治下的各地大名守护、守护代，以及想要取他们而代之的领主等方方面面的人物，纷纷投入各个阵营。结果这些人作为各地域统治者的权威受到了极大的削弱。再加上家园田地沦为战场，一片荒芜，农民们被逼得拿起武器以求自保。其实从南北朝时代开始，畿内各地便出现了固定的集会场所（寄合），进而发展为小规模自治机构，称为"惣村"。1428年，由包括高利贷从业者、酒屋等金融业者，以及马匹租赁等运输业者都参加了被称为"日本史上首次农民一揆"的正长的土一揆（农民起义）。此后，尽管领主仰仗幕府的权威，极力打压一揆运动，但一旦领主不在或频繁更替，一揆接连爆发便成为自然而然的趋势。

    1458年，应仁之乱结束后依然毫无停战迹象的畠山一族引发了山城国（现在的京都府南部）国人的愤怒。国人即地方上有一定势力的豪强及地方武士等。他们聚集在一起举行了"一味神水"的仪式，团结一心，赶走了畠山氏，顺利实现了长达8年之久的自治。这可是比巴黎公社运动早上400年的故事，史称"山城国一揆"。1488年，趁着北陆三县的守护大名争执不休之际，该地的国人联合本愿寺门徒成功取得了加贺（今石川县南部地区）的实际统治权。这便是"加贺一向一揆"。由此，加贺地区在约1个世纪里实现了自治，被称为"百姓把持的国家"。

[土一揆扩展至各地]

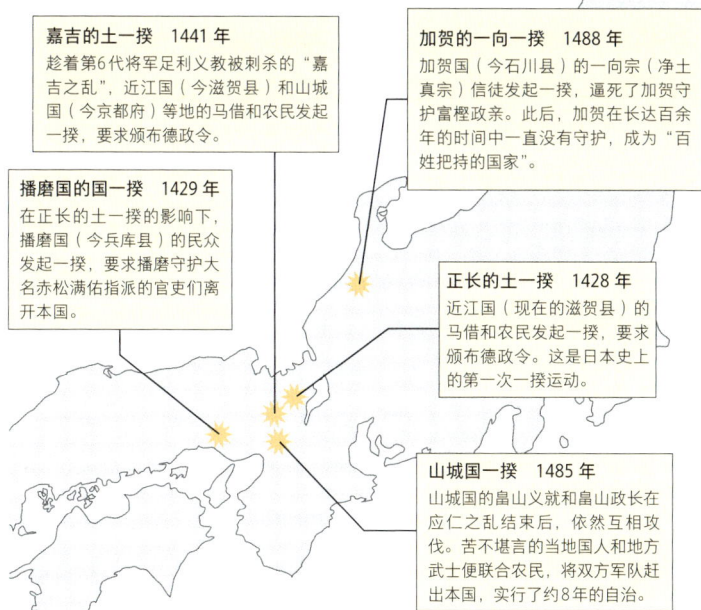

领主自治下，出现了低一级的庄园领主等农民的集会。农民们前往寄合协调，形成惣村。

→

应仁之乱爆发，混乱波及地方。

→

领主因离开领地、战死等原因频繁更替。农民的家园和田地则因为战争不断荒废。

→

农民为自卫组建起自治武装。一揆爆发。一揆成功后实现自治。

←

此类情形一直延续到丰臣秀吉颁布刀狩令，令农民缴械，实施兵农分离为止。

嘉吉的土一揆　1441 年
趁着第6代将军足利义教被刺杀的"嘉吉之乱"，近江国（今滋贺县）和山城国（今京都府）等地的马借和农民发起一揆，要求颁布德政令。

加贺的一向一揆　1488 年
加贺国（今石川县）的一向宗（净土真宗）信徒发起一揆，逼死了加贺守护樫政亲。此后，加贺在长达百余年的时间中一直没有守护，成为"百姓把持的国家"。

播磨国的国一揆　1429 年
在正长的土一揆的影响下，播磨国（今兵库县）的民众发起一揆，要求播磨守护大名赤松满佑指派的官吏们离开本国。

正长的土一揆　1428 年
近江国（现在的滋贺县）的马借和农民发起一揆，要求颁布德政令。这是日本史上的第一次一揆运动。

山城国一揆　1485 年
山城国的畠山义就和畠山政长在应仁之乱结束后，依然互相攻伐。苦不堪言的当地国人和地方武士便联合农民，将双方军队赶出本国，实行了约8年的自治。

（室町时代）

公家、武家、禅宗的融合——室町文化

令世界各地的人们为之倾倒的京都风物中，具代表性的金阁、银阁均建造于室町时代。公家、武家和禅宗融合而成的文化对日本人的日常生活影响深远。

　　大多生于京都，长在公家，最后虽然入籍武家，举手投足依然保留着公家的风雅，这便是历代足利将军。这一特点也表现为，公家文化和武家文化在室町时代得到了恰如其分的融合，绽放出璀璨的文化之花，至今依然深深影响着日本人的生活。

　　初期的室町文化又被很多人叫作北山文化，这一称呼来源于第3代将军足利义满在北山建造了别邸兼政务所金阁。此后，这一建筑成为鹿苑寺，一层是象征贵族文化的寝殿造，二层是武家造，三层则是禅寺的模样。屋檐上有凤凰停驻。金阁仿佛是融合了公家与武家、又对中国文化满怀憧憬的足利义满的个人写照。这一国宝曾遭人为纵火，损毁严重。如今的金阁寺是再建的。文学方面，军记物语《太平记》描绘了距当时还不算久远的南北朝动乱。因二条良基而大放光彩的连歌深受文化人士喜爱，流传甚广。义满庇护的观阿弥、世阿弥在能乐上集大成，世阿弥创作的能乐理论著作《风姿花传》至今依然拥有大批拥趸。

　　室町文化到了后期被称为东山文化，代表性建筑物是第8代将军足利义政建造的慈照寺银阁，其建筑形式称为书院造。这种建筑形式受到了禅寺的影响，时至今日仍然可以在和风建筑中看到它的影子。另外，龙安寺石庭也因为表现出了清净和寂的文化美学而享有盛名。绘画方面，同样受禅宗影响的雪舟的水墨画最负盛名。文学领域，雅俗共赏的插画物语《御伽草子》则给普通百姓带来不小的乐趣。

［北山文化］

- 以室町幕府第3代将军足利义满在北山建造的金阁为代表，故称"北山文化"
- 14世纪末至15世纪初
- 武家和公家文化的融合

文学

《太平记》（军记物语）
《难太平记》（军记物语）
《义经记》（军记物语）
《空华集》（汉诗集）
《蕉坚稿》（汉诗集）
《菟玖波集》（连歌集）
《应安新式》（连歌书）

建筑

金阁 ➡ 一层是寝殿造，二层是武家造，三层是禅宗佛殿造
兴福寺（五重塔、东金堂等）

足利义满

美术

如拙《瓢鲇图》（水墨画）

曲艺

能乐大成（观阿弥、世阿弥）

庭园

西芳寺（苔寺）
天龙寺

［东山文化］

- 以室町幕府第8代将军足利义政在东山建造的银阁为代表，故称"东山文化"
- 15世纪中叶
- 受禅宗影响，追求简素而奥妙的境界

文学

《御伽草子》（物语）
《新撰菟玖波集》（连歌集）
《新撰犬筑波集》（连歌集）

艺术

建立花道（池坊专庆）
开创清寂之茶（村田珠光）

建筑

银阁 一层是书院造
二层是禅宗佛殿造

足利义政

美术

雪舟
《四季山水图卷》
《秋冬山水图》（水墨画）
狩野正信
《周茂叔爱莲图》（绘画流派狩野派祖师）

庭园

龙安寺石庭
大德寺大仙院

3

近世
武家建立的
统一政权

战国时代	1493年	明应政变	094
	1504年	永正错乱	094
	1543年	火器传入日本（"铁炮传来"）	090
	1549年	圣方济各·沙勿略来日，基督教传入日本	090
	1560年	桶狭间之战。今川义元战败	096
	1573年	室町幕府灭亡	099
安土桃山时代	1582年	本能寺之变	100
	1583年	贱岳之战爆发	101
	1600年	关原之战爆发	104
江户时代	1603年	德川家康当上征夷大将军	106
	1614年	大阪冬之阵	108
	1615年	大阪夏之阵，丰臣家灭亡	108
	1623年	德川家光继任为第3代将军	110
	1635年	确立参勤交代制度	110
	1637年	岛原天草一揆爆发	110
	1639年	禁止葡萄牙船只靠岸	110
	1685年	最早的生灵怜悯令出现	112
	1682年	《好色一代男》出版	114
	1691年	汤岛圣堂建成	112
	1694年	《奥州小道》出版	114
	1702年	赤穗事件爆发	117
	1703年	《曾根崎情殇》出版	114
	1716年	享保改革开始	118
	1774年	《解体新书》刊行	120
	1787年	宽政改革开始	122
	1789年	尊号事件	122
	1804年	尼古拉·列扎诺夫来日	124
	1808年	费顿号事件	124
	1837年	大盐平八郎起义	124
	1841年	天保改革开始	124

　　这是武士政权统一全国的时代。经关原之战，设立幕府统治的德川家族，在此后的260余年间一直是日本的统治者。这个时代创建的种种制度，在日本直到今天依然沿用。但与此同时，到访日本沿海的各国船只，也在不断促着时代的变迁。

（战国时代）

火器和基督教的传入

位于遥远东方的日本也感受到了发生在西欧的大变革。大航海时代启幕，宗教改革运动开始。这两件西欧的大事成为日本引入西方文明的契机。

1543年，在现在的鹿儿岛县种子岛上，漂来了一艘明朝的船。乘船的人是倭寇后期的头目王直以及两个葡萄牙人，他们带来了火器。当时岛上的统治者，种子岛惠时、时尧父子立刻买下了火器，并命人仿制。此后，又将仿制出来的火器批量生产。于是在短短的30年间，火器成为战斗中主力兵器的一种。后世声名远扬、席卷全球的"日本制造"，早在此时便已初露端倪。火器制造这一新职业出现，同时诞生了国友（现滋贺县）和堺（现大阪府）等主要火器产地。特别是堺一带，凭借火器买卖积累了大量财富，以武力为后盾实现了地方自治。同时，火器的登场令步兵的重要性大增，从而改变了战争的形态。

火器传入6年后，有一艘木帆船在鹿儿岛靠岸。日本最初的基督徒弥次郎从船上引下一个人，那便是耶稣会的传教士，西班牙人圣方济各·沙勿略。基督教由此传入日本。

为了得到天皇颁发的传教许可，一行人一路来到京都，却被所见的一国都城的破败景象震惊了。于是他们又到日本各地寻求大名的支持，从喜爱火器和西洋舶来品的大名和商人身上开始传教，在传播福音的同时，传教士们还会一并传授医学等现代知识及国际形势。基督教以西日本为中心流传开来，甚至出现了皈依基督教的大名。一向反感传统佛教势力的织田信长也对基督教颇为优待。信长等西日本大名最终收拾战国乱局统一日本，和火器、基督教传入之间的联系颇为引人深思。

［火器传入］

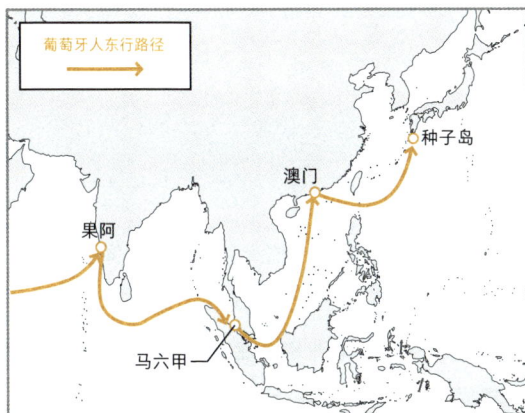

战国时代
主要的火器生产地

注释：当时日本不能生产火药的原料硝石。葡萄牙人之所以将火器
卖给日本，部分原因是为了开拓硝石贸易市场。

［基督教在日本的传播］

在日传教

对传教而言，乱世乃是幸运
若在太平时代，没有天皇或将军的许可，无论如何也传不了教。但应仁之乱后，日本事实上处于地方割据状态。出于各自的利益，各地大名是可能允许传教的。

火器已经传入
在基督教之前，强大的武器火器（也是极富魅力的舶来品）业已传入日本。基督教的传播便搭上了这经济价值极高的西洋商品的顺风船。

并未带来侵略
原本天主教势力（西班牙、葡萄牙）的传教活动往往伴随着侵略，但日本因独有的文化受到认可而免遭侵略。

在日本活动的主要传教士

沙勿略（1549年抵日）
在鹿儿岛、丰后（现在的大分县）、山口一带传教。

维列拉（1556年抵日）
在其著作《耶稣会士日本通信》中，介绍了富商云集的堺，称其为"东方威尼斯"。

弗洛伊斯（1563年抵日）
著有《日本史》。同织田信长、丰臣秀吉等交好。

奥儿冈奇诺（1570年抵日）
深受信长信赖。在京都建造了南蛮寺。

范礼安（1579年抵日）
天正年间，三个基督徒大名（大友宗麟、有马晴信、大村纯忠）派范礼安出使欧洲，觐见教宗。

（战国时代）

战国大名登场

应仁之乱以及发生在关东地区的诸多战祸，极大地激发了地方权力的膨胀，并促进了地方自治的发展。战国大名由此崛起为这一时期的重要势力。此乃时代的召唤。

从室町过渡到战国的这段历史是日本史上的难点之一，但将应仁之乱看作战国开启的序幕或契机大体上是没错的。战乱爆发导致幕府的权威以及对地方的管控力均大为下降。地方势力的合纵连横又生成了新的权威，最终导致勉强维持的中央集权体系崩溃，事实上形成了地方割据的局面。

在此时代背景下自然孕育而生的新群体——战国大名可分为以下几类：

1. 守护大名：虽然忠于幕府，但因指望幕府提供庇护的可能性越来越低，无奈只能向地方政权发展。

2. 守护代：趁应仁之乱和关东战乱频发之际，原本是地方官代理者的守护代，僭越成为守护。

3. 除1、2之外的实力派人士（宗教领袖、地方上实力强大的国人阶层、地方贵族、出身低微但实力超群的武将等）：趁乱世之机崭露头角，夺得地方的控制权，传承几代之后，将手中的权力变为既成事实。

换言之，所谓战国时代，也就是中央权威低下、政令失灵、耳目不张，以致自然而然地形成地方分权割据的时代。此后统称为"战国大名"的各地当权者们，纷纷通过招兵买马、整肃军容、联姻结盟来巩固对领地的统治，逐渐形成了旨在确立领主权的战国家法，称为"分国法"。政权的有效建立在实力而非合法性的基础之上，这便是战国时代的本质。

［群雄割据的战国大名］

残存下来的守护、崛起的守护代和国人，纷纷变身为战国大名，统治各自的领地。

守护　　国人
守护代　　其他

［最主要的分国法］

分国法	战国大名	特征
尘芥集	伊达氏	大幅提高对地头统治权的认可度。和其他的分国法比起来，对地头的限制相对较弱
甲州法度之次第	武田氏	由武田信玄制定，是关于领地统治及家臣统制的分国法
今川假名目录	今川氏	关于家臣统制的条目众多，内容涉及财产继承、纠纷、借贷、交通等多个领域
朝仓孝景诸条	朝仓氏	性质上十分接近家训，但也对如何录用人才、家臣须集中居住在城下町等做出了规定
六角氏式目	六角氏	和其他分国法迥然不同，对大名权力有限制
长宗我部元亲百条	长宗我部氏	记载了谨记武士道精神，禁止吵架、厮打、观看相扑等规定

（战国时代）

细川政权和三好政权

到了战国时期，中央政权几乎已名存实亡。即便如此，围绕最高权力的斗争却依然一刻不停。现在来讲讲这段时间中央情势的变化。

应仁之乱结束后，第8代将军义政的儿子义尚当上第9代将军。为将自己打造成理想的将军形象，义尚决定亲征近江，指挥攻打六角氏，结果却因为迟迟无法结束战事而导致众将背叛。出征时依然终日沉溺酒色的义尚，最终年纪轻轻便病死了。

紧接着就任第10代将军的是借应仁之乱上位的足利义视之子义材。义材同样选择亲征六角氏。但此时发生了政变（明应政变），幕府将军被实力强大的细川氏架空，此后沦为足利傀儡政权。

当时，细川氏当家的是应仁之乱中死去的胜元的儿子细川政元。政元借义材离开中央之机，扶持后者堂弟足利义澄为将军，掌握了幕府的实权，史称"明应政变"。政变进一步加剧了地方割据的局面。各地武将再不把中央权威放在眼里，转而以武力为后盾，各自开展内政和外交活动。

导致战国时代到来的始作俑者细川政元，因为热衷于修验道，膝下无子，结果酿成三个养子的夺嫡之争（永正错乱），令政局乱上加乱。与此同时，围绕将军家的管家权爆发了另一场争斗。养子之一的细川高国与足利义稙（即足利义材）和中国地区的实力派人士大内义兴曾一度成功建立三头政治，但此后敌对阵营倚仗的三好之长一脉的三好长庆势力扩大，局势又发生改变。中央政权在细川政元、细川高国和三好长庆之间更替。将军日益成为傀儡。

[应仁之乱后中央政权的变迁]

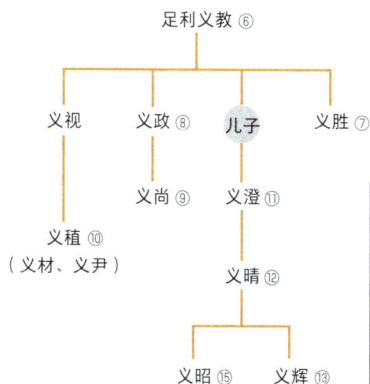

足利义教 ⑥

义视　　义政 ⑧　　儿子　　义胜 ⑦

义尚 ⑨　　义澄 ⑪

义稙 ⑩
（义材、义尹）

义晴 ⑫

义昭 ⑮　　义辉 ⑬

👤 细川政元
手握大权，有"半将军"之名。因沉迷于禁欲主义的修验道，不近女色，没有留下儿子。他被刺杀后，三个养子（澄之、澄元、高国）之间展开了激烈的继承斗争。

细川政元的政变即便成功，对大局的影响也十分有限。各地大名早已认清形势，明白这种状态下的幕府丝毫指望不上，自行在地方争夺领地并寻求保护。

👤 细川高国
依靠中国地区实力强大的大名大内义兴成功取得政权。不久便流放将军义稙，立义澄之子义晴为第12代将军。后来义兴返回山口，细川高国成为独裁者。

👤 三好庆长
以将军足利义辉、管领细川氏纲为傀儡，建立三好政权，在近20年的时间里牢牢把持中央。但和政元、高国一样，庆长最终也因为继承人问题导致了政权的衰弱。

年表
1489年　第9代将军足利义尚在远征六角氏的途中病死。
　　　　围绕着将军之位，足利义政的弟弟义视的儿子义材与细川政元、日野富子拥立的清晃（义材的堂兄弟）之间爆发了激烈的斗争。
1490年　义材就任第10代将军。
1493年　细川政元发动政变，控制京都，拥立清晃为将军。
1495年　清晃（还俗后更名义澄）成为第11代将军。
1499年　前将军义尹（即义材）投靠周防（现在的山口县）的守护大名大内义兴。
1507年　政元被刺身亡。
　　　　政元的养子之一细川澄之被指定为继承人，但被同为政元养子的细川澄元逼迫自杀身亡。
　　　　大内义兴联手政元的另一个养子细川高国拥立义尹为将军，攻入京都。
　　　　澄元和将军义澄逃出京都。
1508年　义尹复位，更名义稙，建立了与高国和义兴二人组成的联合政权。
1518年　义兴回到山口。
1521年　义稙被流放。义澄之子义晴成为第12代将军。
1525年　高国将家督之位让与儿子稙国，但稙国不幸于当年早夭。
1531年　高国遭细川晴元（澄元之子）和三好元长联手攻击，自杀身亡。
1543年　细川氏纲（高国的养子）发起叛乱，反对晴元。
1546年　义晴把将军之位让与儿子义辉。
1548年　晴元的家臣三好长庆（元长之子）背叛晴元，和氏纲结盟。
1549年　义晴、义辉和晴元逃离京都。
1552年　义辉被召回京都。
1561年　长庆与晴元讲和。
1564年　长庆去世。

（战国时代）

织田信长的崛起

一片混乱的战国时代和尚留有最后一丝残香的中世，皆因一个人的登场逐渐走向终点。那便是日本史上第一等爱憎分明的人物，织田信长是也！

1560年的桶狭间之战，骏河、远江二地的大名今川义元原本形势一片大好，却出乎意料地败给了初出茅庐，甚至尚未统一尾张的织田信长。借着势头，织田信长统一了尾张，攻下美浓国，更进军京都，拥立将军，为打破包围网，一统天下而四处奔忙。

信长一生的故事可谓人尽皆知，所以这里要说说他身上一些较少被注意到的地方。首先需要强调的是，一统天下的伟业并非是由一代人完成的。织田氏原是尾张守护斯波氏的守护代。翻检历史长卷，信长之所以能从织田氏的旁系一步步爬上来，出人头地，他的父亲织田信秀居功甚伟。在攻城略地、扩张领地上，织田信秀的风头甚至盖过了主家。即便在信奉"实力政治"的战国时代，没有这种血统上的优势却能出人头地的，大概也只有丰臣秀吉之流了。这一点希望读者谨记于心。

接下来还要更正一个常见的误解，即"信长此后便一帆风顺"。实际上，18岁继任家督之后，信长整整花费了7年的光阴来统一织田一族乃至尾张一国。在这之后，攻占邻国美浓又花了同样的7年时光。这和地方企业在创业阶段需要在本地苦苦经营，一旦成功挤进中央，便一下子扩大经营规模乃至称霸全国是一个道理。对于地方新秀而言，如何在当地站稳脚跟，取得霸权，称得上是最大的难关。

［织田信长登场］

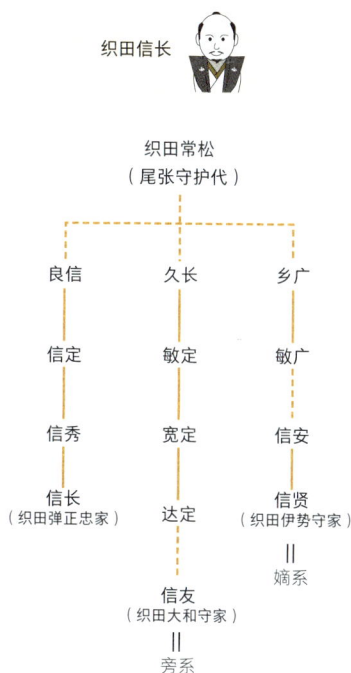

织田信长

织田常松
（尾张守护代）

良信 ── 久长 ── 乡广

信定 ── 敏定 ── 敏广

信秀 ── 宽定 ── 信安

信长 ── 达定 ── 信贤
（织田弹正忠家） （织田伊势守家）
‖
嫡系

信友
（织田大和守家）
‖
旁系

信长并非织田氏的嫡系。织田氏嫡系是尾张国
（现在的爱知县西部）北四郡的守护代，织田伊
势守家。南四郡的守护代则是织田大和守家，
属于织田氏旁系。信长所属的织田弹正忠家虽
然也是织田一族，但不过是大和守的家臣，是
旁系中的支流。

年表

继任家督前	1534年 降生，父织田信秀。 1539年 从父亲信秀手里获赠那古屋城（之后的名古屋城）。 1546年 元服，获赐信长之名。 1548年 迎娶美浓国（现在的岐阜县）大名斋藤道三之女。 1551年 父亲信秀去世，继承家督之位。
统一尾张	1555年 消灭主家织田大和家的织田信友，夺得清洲城。移居清洲城。 1557年 消灭企图谋反的弟弟信胜。 1558年 打败织田伊势守家的织田信贤，将其流放。统一尾张国。
拿下美浓	1560年 桶狭间之战，打败今川义元。 1562年 与松平元康（后来的德川家康）结盟。 1563年 为拿下美浓，移居小牧山城。 1566年 命令木下藤吉郎（后来的丰臣秀吉）建造墨俣城，作为攻略美浓的据点。 1567年 流放斋藤龙兴，拿下美浓国。将稻叶山城改名为岐阜城。
一统天下	1568年 进军京城，拥立足利义昭为室町幕府第15代将军。 （之后请见下节）

（战国时代）

信长的政策

调查问卷里经常出现"战国大名中最理想的上司"这样的问题。对于那些出身平凡、白手起家的人而言，这个问题只有一个答案。

　　信长的用人理念和其他大名有着决定性的不同。信长用人，并不看重其父辈是否曾担任家臣或长老，而是秉持实力主义，以合适之位配有真才实学之人。秀吉等人能得以大展身手，也多亏了这样的用人制度。而在同时代的其他大名手下，无论初出茅庐者拥有多大的本事，也绝不可能在一代之内便官居要职。

　　然而，秉持实力主义也代表着，一旦手下的人才能力下降，便免不了被无情抛弃。如明智光秀、荒木村重这样最终起兵造反的也很多。虽然谋反的理由尚未有定论，但不排除是因为他们敏锐地觉察到待遇随实力下降而变化，因此心生反意。不过信长并非冷血之人，相反，他心胸宽广。秀吉、前田利家和柴田胜家，都曾因违反命令而惹怒信长，却还是被赦免了。只不过，这种宽容不会有第二次。

　　虽然信长给世人留下了强烈的"先锋"印象，但他的许多政策其实均取法前辈。营造城下町是学习了朝仓孝景；上京拥立候补将军是效法大内义兴和三好长庆等人；讨伐并放火焚烧比叡山，足利义教和细川政元等也做过；乐市政策是取法六角定赖；切取香木兰奢待赏赐臣子的做法则是效仿足利义满和土岐赖武等。上述这些被广泛认为是信长首创的政策，其实都早有先驱者。信长并非是个一概否定前辈，将先驱的做法推倒重来的人。

　　不过，真正由信长首创的一个政策却很少被注意到，那便是根据战略转移大本营的做法。现如今，取得一定成功后便将本店迁至东京已是商业常识，但这一谋略最初可以追溯到信长。

［信长的政策及根据地的移动］

此前的大名们
重农主义，执着于土地，部下是半农半兵。

信长
引入重商主义，注重权益，将部下改造为职业武士。

兵农分离
导入全职士兵制度，部下脱离半农半兵的身份，战时则不再命令农民拿起武器参战。

乐市乐座
撤销名为"座"的利益集团，实行自由贸易制度。

通过上述政策，令根据地选择和部属的配置变得机动化。由各个方面军组成、纵横捭阖的织田军团横空出世。

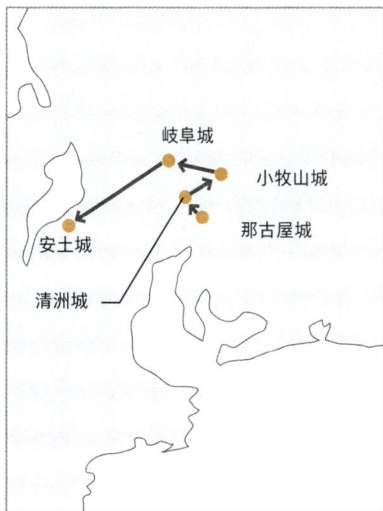

岐阜城
小牧山城
那古屋城
安土城
清洲城

将己方的大本营设在最前线的做法，此前也不是没有过。但是由主帅亲自拍板把大本营迁到最前线，却是绝无仅有的。

· 能准确地把握敌情。
· 便于快速传递情报，以免延误战机。
· 显示主帅的战意和决心，提升部下的士气。

年表

1568年
信长控制京都。三好庆长后执掌中央政权的三好三人众（三好长逸、三好政康、岩成友通）被流放至四国。

1570年
经姊川合战，击败朝仓义景和浅井长政的联军。

1571年
讨伐烧毁比叡山延历寺。

1573年
将室町幕府第15代将军足利义昭赶出京都。

1575年
长筱之战。组建大规模的火枪队，大胜武田信玄之子胜赖。

1576年
筑造并移居安土城。

1582年
消灭武田胜赖。明智光秀谋反。信长于京都本能寺自杀。

（安土桃山时代）

非同寻常的飞黄腾达之路——丰臣秀吉

从平头百姓到关白重臣，丰臣秀吉实现了日本史上个人地位的最大跃升。这一切靠的是旁人难以比肩的好运与他操纵人心的手段。

织田信长收拾了战国的乱局，靠的是他举贤唯才、不拘旧恩或血缘的用人之道。然而讽刺的是，正是他一手提拔的明智光秀，1582年在本能寺逼死了他。

看起来明智光秀似乎成功篡夺了天下，却因为犯上弑主和政见分歧，难以争取到各方的支持。山崎之战战败后，光秀在小栗栖死于农民的枪下，沦为了同样是织田信长一手提拔的同僚羽柴秀吉上演战略奇迹的"中国大撤退"（这里指日本的中国地方）的祭品。

近年来，关于秀吉出身富裕农家或武士家族的说法风行一时，但这些都没有改变秀吉在织田家中不过一介"外样"的身份。然而，凭借在战役和督造建筑中展现的统筹之才，再加上如同肚中蛔虫般掌控人心的能力，秀吉获得众人支持，拥有可与世袭家臣比肩的势力。

信长死后，他的旧部们召开清洲会议，商讨织田政权未来的发展方向。秀吉既非织田家人，在家臣中也排不进前三，却在信长的次子信雄和三子信孝为继承问题争执不休，众人难以定夺之时，表态支持信长长子信忠的遗腹子三法师，一举掌控了会议局面。此后，秀吉又取得了三法师监护人的地位。家臣中资历最深的柴田胜家不甘居于人下，举兵反对，最终却在贱岳之战大败，举族灭亡。

秀吉的仕途便是如此精彩绝伦。但从全局来看，其实这不过是政权内部的主流派斗争罢了。政党也好，反社会组织也好，这些拥有压倒性力量的庞然大物，往往都是从内部开始崩塌的。

［成为信长继任者的秀吉］

年表	
1537 年前后	秀吉出生于尾张国（现在的爱知县西部）。
1554 年前后	出仕织田信长。
1567 年	在攻打美浓国（现在的岐阜县）的斋藤家时表现出色，开始崭露头角。
1575 年	成为长滨城城主。
1577 年	被信长任命为中国地区方面军的司令官。
1582 年	本能寺之变。
	秀吉同中国地区的毛利家讲和，以出人意料的速度掉头往东，讨伐明智军（中国大撤退）。
	经山崎之战击败明智光秀，报了主君被杀之仇。
	清洲会议。
1583 年	经贱岳之战，击败织田军团的领军人物柴田胜家。逼信长的三子信孝自杀。
	开始建造大阪城。
	（之后请见下节）

在决定织田信长继承人的清洲会议上，秀吉拥立信长之孙三法师，与柴田胜家对立。丹羽长秀和池田恒兴支持秀吉，令秀吉在事实上成为信长的继承者。

［秀吉统一全国］

（安土桃山时代）

秀吉的伟业

以"中国大撤退"为代表，秀吉被人记住的多是其军事上的出色表现，但其实他在内政上也有诸多建树。可以说，江户时代三百余年太平盛世的基础，正是在秀吉手里打下的。

1584年，秀吉与德川家康对峙。后者正是此后令整个丰臣家覆灭的元凶。当时，在信长次子信雄的请求下，家康军在小牧·长久手一带同秀吉军激烈交战。尽管秀吉因战略失误而吃了败仗，损失惨重，但他成功同织田信雄讲和，令德川家康失去了出兵的名分，不得不鸣金收兵，偃旗息鼓。秀吉打仗的精髓原在权谋术数与数量优势。

此后，秀吉请求朝廷赐姓"丰臣"，就任关白。击败四国的长宗我部家、九州的岛津家和关东的北条家，又实施奥州仕置，名副其实地统一了天下。

包括彼时被称为虾夷之地的北海道部分地区在内，丰臣秀吉实现了全国的空前统一。以此为背景，他颁布了划时代的政策。实施太阁检地，统一度量衡，彻底支配了全国各地的知与行，从而使得接下来令大名更换封地（国）的策略得以依照他这位天下人的意愿妥善执行。家臣以外之人，不用发动战争也可获得封地，这在江户时代之后是理所当然的，但溯其源头，乃自秀吉而始。与此同时，秀吉重新建设开发了破败的京都，并为各大名修建了京都宅邸，形成了近代意义上的政治中枢。颁布刀狩令，实现兵农分离并使之成为固定的阶级，这项很少被提及的措施，成功收服了那些拥兵自重的寺院。

可惜秀吉未能善始善终，晚年昏庸，做出了出兵朝鲜和因偏爱亲子而处死丰臣家族继承人等无谋之事，导致丰臣家日渐衰弱。即便是秀吉这般人物，也难逃公私不分的弱点啊。

［秀吉的"业绩"］

丰臣秀吉

发动对外战争（出兵朝鲜）

禁止基督教活动

刀狩令
收缴农民武器，防止暴动，强化兵农分离。

太阁检地
统一了全国各地原本各不相同的丈量土地的方法和计量单位，又将土地与其耕作者（即纳税人）一一对应，登记成册，称为《检地帐》

年表

1584年	在小牧·长久手战役中对阵德川家康。同信长的次子信雄讲和。
1585年	征服长宗我部家，平定四国，就任关白。
1586年	以"丰臣"为姓。将上杉家、家康收入麾下。
1587年	收服岛津家，平定九州，正式推行太阁检地。
1588年	实施刀狩令。
1590年	进攻小田原，拿下北条家。统一全国。
1592年	出兵朝鲜（文禄之战）。
1597年	出兵朝鲜（庆长之战）。
1598年	在京都的伏见城中死去。

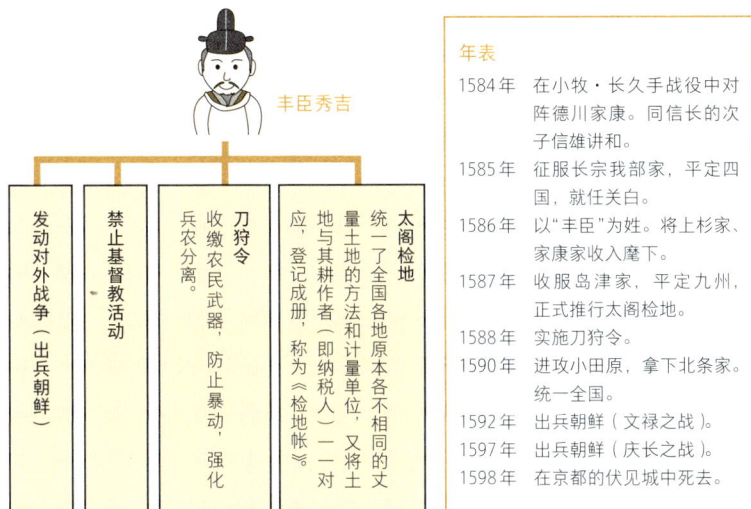

［消失的秀吉的继承人们］

名字	和秀吉的关系	结局
羽柴秀胜（石松丸）	秀吉的亲生儿子	幼年病死（也有人认为根本不存在）
羽柴秀胜（于次丸）	秀吉的养子（织田信长第五子）	早夭
丰臣秀次	秀吉的养子（外甥）	秀吉曾将关白一职让与秀次，故秀次被视为秀吉的继承人。但鹤松出生后，秀次与秀吉的关系恶化。最后被下令切腹自尽
丰臣秀胜	秀吉的养子（外甥）	秀次的弟弟，死于出兵朝鲜时
丰臣鹤松	秀吉的亲生儿子	生母为秀吉的侧室淀夫人。幼年病死
丰臣秀赖	秀吉的亲生儿子	生母淀夫人，鹤松的弟弟。最终成为秀吉的继承人

（安土桃山时代）

关原之战

这是决定天下命运的一战。然而仔细想来，倒也并非是十分令人费解的一战。两边的领军人物——德川家康与石田三成，原本便有云泥之别。

　　东海道新干线上，有个被戏称为"政治站"的岐阜羽岛站，每当雪天无法行驶时，就成为列车躲雪的临时基地。这个以积雪闻名的地方便是岐阜县和滋贺县的交界处关原。1600 年，这里上演了一场决定天下命运的战争。明面上是德川家康对石田三成，背后的门道却一点也不简单。

　　人们常常认为战国时代是绝对的唯实力论，但事实上血统与主从关系依然很重要。所以，"大义名分"对于战争而言是不可或缺的。和秀吉暗中操纵织田政权时一样，德川家康也无法直接杠上丰臣家，必须采取介入丰臣家内部权力斗争的迂回方式，方能实现自己的野心。从古到今，若想击败一个强大的组织，比起从外部直接攻打，由内渗透扶植非主流派、借势夺取政权，终究才是上上之策。

　　家康担心的事情有两件。其一是自己的寿元，其二则是以五大老、五奉行为中心的实力派们齐心协力，拧成一股绳。对家康而言，最需要的是一个站出来明确反对自己的人。讽刺的是，出于向秀吉报恩的心态和对血统论的执着，青年石田三成没忍住家康的挑衅，吞了鱼饵站了出来。于是，那些都曾标榜要辅佐少主秀赖的同道之人，就这样分成了两个阵营厮杀。毛利家的空便当、岛津家的撤退法，再加上小早川秀秋的叛变，这场战争留给人们的故事很多。但要说对德川政权的建立贡献最大的，当属石田三成本人了。

［关原之战］

西军	东军	年表

西军

从一开始便属西军阵营的大名

石田三成
宇喜多秀家
小西行长
大谷吉继
等

没过多久也投靠西军的大名

毛利辉元
长宗我部盛亲
等

东军

从一开始便属东军阵营的大名

德川家康
福岛正则
细川忠兴
黑田长政
等

从西军叛变到东军的大名

吉川广家
小早川秀秋
等

年表

1598年　丰臣秀吉去世。德川家康违背秀吉遗命与各地大名结亲。

1599年　实力仅次于秀吉的前田利家去世。石田三成和福岛正则、加藤清正等武勇派矛盾激化。

1600年　和三成有所牵连的上杉景胜在会津举兵。家康出兵讨伐会津。三成集结西军也起兵。已经行军至小山一带的家康挥师西返，迎击三成。东军的先遣队拿下了西军一方织田秀信的岐阜城。家康率领东军的主力部队，会同从其他路径赶来的德川秀忠，与西军的真田昌幸苦战。受此拖累，东军赶到决战之地关原的时间要晚一些。两军在关原布阵。

德川秀忠率领的东军主力大军3.8万人，在上田一带被真田昌幸拖住了手脚，未能赶上关原决战。

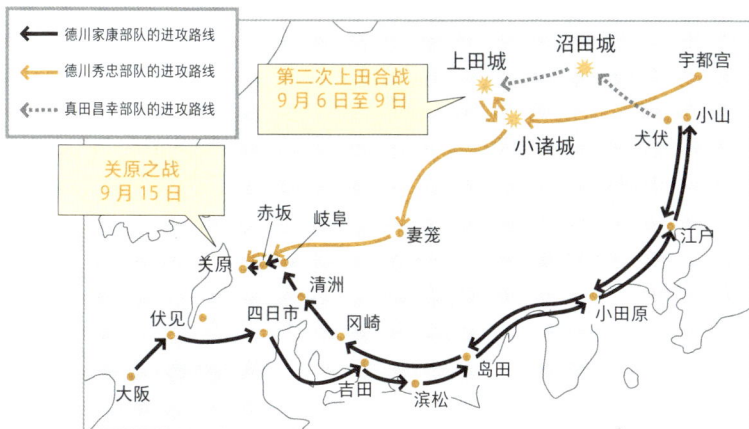

（江户时代）

江户幕府的诞生

取得关原之战胜利的德川家康，于1603年被朝廷任命为征夷大将军，开幕府于江户。他一手创建并在全国实施的统治体制坚如磐石，被称为幕藩体制。

　　将关原之战的胜利收入囊中的家康，对那些西军阵营中的大名，不是处以极刑，便是减封降诰。但毕竟他是打着"为了秀赖"的旗号出的兵，一时间也不能直接掉转枪头对丰臣家。特别是在关原之战中跟随家康的，多为受过秀吉大恩的大名，对他们也不好硬来。

　　1603年，家康被任命为征夷大将军。虽然在家谱族系上下足了功夫，但明眼人都知道诏书里说的家康的出身净是鬼话，只不过没人敢当着实权派德川家康的面说出来罢了。

　　江户幕府就此成立。为了管理大名，颁定了武家诸法度。此后，又为了管理名义上的上位者朝廷和公家，颁定了禁中并公家诸法度。

　　就任两年后，家康把将军之位让给了第三子秀忠。这激怒了丰臣秀赖的生母淀夫人。淀夫人一直期待着秀赖长大成人后继承将军之位。然而，家康的举动无疑是昭告天下：将军之位将由德川家世袭。

　　与镰仓、室町两代幕府不同，江户幕府是一个凌驾于朝廷之上的全国政权。各大名被分为德川家成员组成的亲藩、关原之战之前就是德川家家臣的谱代和关原之战后归顺德川家的外样三种，分别封地。设尾张、纪州和水户藩为"御三家"。当将军直系没有继承人时，便自御三家中择人继承。设立"老中"之职，由谱代出任，以老中合议制掌管政务。非常时期可立"大老"一职。为监视朝廷和丰臣家，设立京都所司代、大阪城代等职。其他还有勘定奉行、寺社奉行、町奉行等。此外，还和东南亚各国展开朱印船贸易。

[江户幕府的政治机构]

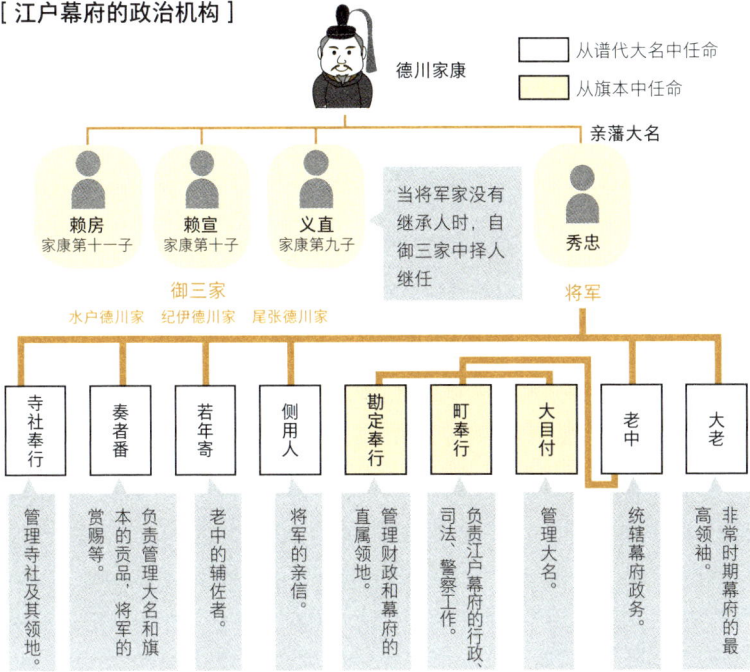

德川家康

从谱代大名中任命
从旗本中任命

亲藩大名

赖房
家康第十一子

赖宣
家康第十子

义直
家康第九子

当将军家没有继承人时，自御三家中择人继任

秀忠

御三家
水户德川家　纪伊德川家　尾张德川家

将军

寺社奉行	奏者番	若年寄	侧用人	勘定奉行	町奉行	大目付	老中	大老
管理寺社及其领地。	负责管理大名和旗本的贡品、将军的赏赐等。	老中的辅佐者。	将军的亲信。	管理财政和幕府的直属领地。	负责江户幕府的行政、司法、警察工作。	管理大名。	统辖幕府政务。	非常时期幕府的最高领袖。

[关原之战后主要大名的封地]

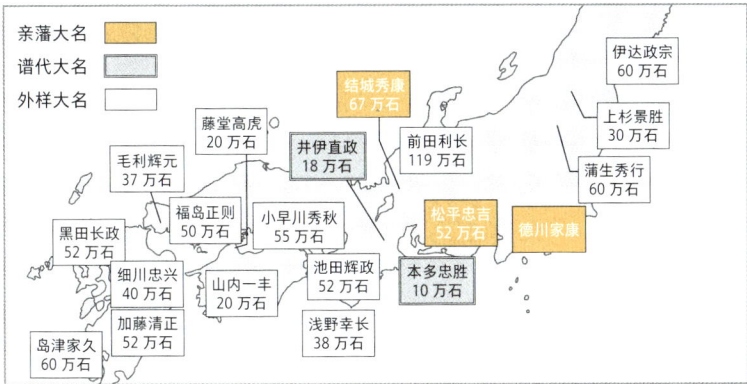

亲藩大名
谱代大名
外样大名

伊达政宗 60万石
上杉景胜 30万石
蒲生秀行 60万石
结城秀康 67万石
藤堂高虎 20万石
井伊直政 18万石
前田利长 119万石
毛利辉元 37万石
松平忠吉 52万石
德川家康
福岛正则 50万石
小早川秀秋 55万石
黑田长政 52万石
池田辉政 52万石
本多忠胜 10万石
细川忠兴 40万石
山内一丰 20万石
岛津家久 60万石
加藤清正 52万石
浅野幸长 38万石

（江户时代）

元和偃武——大阪之阵

尽管江户幕府已经成立，但大阪城中那位受人爱戴的丰臣秀赖终究不能放着不管。作为自己负重前行一生的最高潮，家康选择毁灭丰臣家。

　　虽然已被降为一介普通大名，然而背靠坚固的大阪城，据有庞大资产的丰臣家始终是江户幕府的心头之患。即便秀赖无意取家康而代之，也保不齐哪天被人赶鸭子上架，强披皇袍。于是，在人生的最后阶段，家康可谓使出了浑身解数追杀丰臣家。那些受秀吉之恩的大名一个接一个离开人世，他们的继任者转而效忠德川家。

　　为削减丰臣家的资产，家康劝秀赖重修和秀吉渊源颇深的方广寺。此后又以寺内梵钟所刻文字含诅咒德川之意为由，寻衅要求丰臣家搬出大阪城。丰臣家当然拒绝了。于是，家康便以此为借口举兵讨伐丰臣家。

　　当时，德川军麾下集结了全国各地的大名。相比之下，大阪一方有的只是那些于关原之战失意的前大名，军队也以浪人为主。孰优孰劣，一看便知。即便如此，依托坚固的大阪城，修建了真田出丸的真田幸村（即信繁）和后藤又兵卫基次等人却毫不退让。最后，家康以炮击淀夫人居住的天守阁要挟，同大阪签订了和约。淀夫人战战兢兢地同意了和约。依照和约，大阪城的护城河被填平，天下无双的大阪城从此变得毫无防备。此为冬之阵。

　　半年后，德川再次寻衅起兵。这一次，大阪方即便打算固城坚守也已做不到了，只能抱着死马当活马医、破釜沉舟的心情与德川家奋勇一战。秀赖直到最后也没有亲自披挂上阵。大势已去，大阪城在一片火光中陷落。淀夫人、秀赖和整个丰臣家，便也如大阪的朝露一般消亡了。此为夏之阵。

［ 大阪城的丰臣家阵营 ］

淀夫人（秀赖之母）

丰臣秀赖

大藏卿局（治长之母）

大野治长

浪人们

真田信繁（幸村）
因关原之战中站在西军一边，同父亲昌幸一起被流放。

后藤基次
曾为黑田长政的家臣，因谋反之嫌被迫成为浪人。

毛利胜永
关原之战中因站在西军一方而受罚。

长宗我部盛亲
关原之战后受罚，在京都小心翼翼地过日子。

明石全登
曾为宇喜多秀家的家臣。因宇喜多家被罚而成为浪人。

年表

1605年　德川家康把将军之位让给儿子秀忠。

1608年　丰臣家开始重修方广寺。

1611年　家康与丰臣秀赖在京都的二条城会面。

1614年　家康因方广寺梵钟的铭文向丰臣家提出抗议。丰臣家向全国招募浪人，并将粮草运进大阪城中。
大阪冬之阵开始。
缔结和约。

1615年　大阪城的护城河被填。家康要求丰臣家更换封地并解雇浪人。
大阪夏之阵开始。
秀赖与淀夫人自尽，丰臣家灭亡。

［ 大阪冬之阵·夏之阵 ］

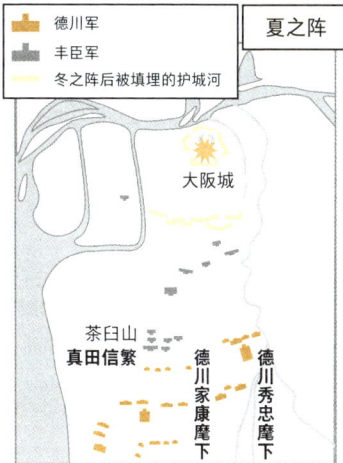

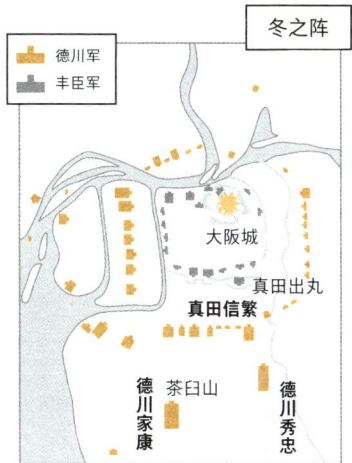

（江户时代）

家光的武人独裁——参勤交代与锁国

第3代将军德川家光一口气大大推进了幕府的专制统治，采用参勤交代制度削弱大名势力，以寺请制度强化对农民和城市居民的管理，还出台了海禁政策。

1623年，第2代将军秀忠的次子家光，依靠乳母的帮助，战胜自己聪慧的弟弟，成为第3代将军。江户幕府日后就是因为大奥（女眷居所）中浪费无度和不断有人插手将军人选的问题而逐渐衰弱，这些问题其实在此时便已显露迹象。

家光在武家诸法度里追加了参勤交代制度。大名的妻儿作为人质住在江户，大名就要反复往返于领地与江户之间，如此消耗他们的钱财，防范谋反。

江户便由此繁荣起来，下一代的大名中"生于江户、长于江户"的也占了绝大多数。如今那些住在东京，每周末回到自己选区的国会议员们，他们这种生活方式的源头，或许就在这里呢。为了让往来方便，自然是要修路的。五街道（以江户为起点的五条要道）基本都是在家光时期修成的。其他如严防"枪炮入女眷出"的箱根关所（关卡）和没有桥的大井川渡口也比较有名。

自德川家康禁教（基督教）以来，江户幕府一直小心提防着天主教国家。1637年，长崎岛原的农民们，因不堪忍受领主暴政，同基督教徒一起发起了岛原天草一揆，之后对基督教的限制越发严格。幕府甚至用强迫踩踏圣像的方式搜查隐藏的基督徒，迫其放弃信仰。农民和市民只好利用寺院的檀家制度来证明自己不是基督徒。这样一来，通过寺请制度，也巩固了户籍的整理与对百姓的管理。

海禁政策也进一步加强。1639年，幕府下令禁止葡萄牙船只进港，开始了闭关锁国。

［德川家光的政绩］

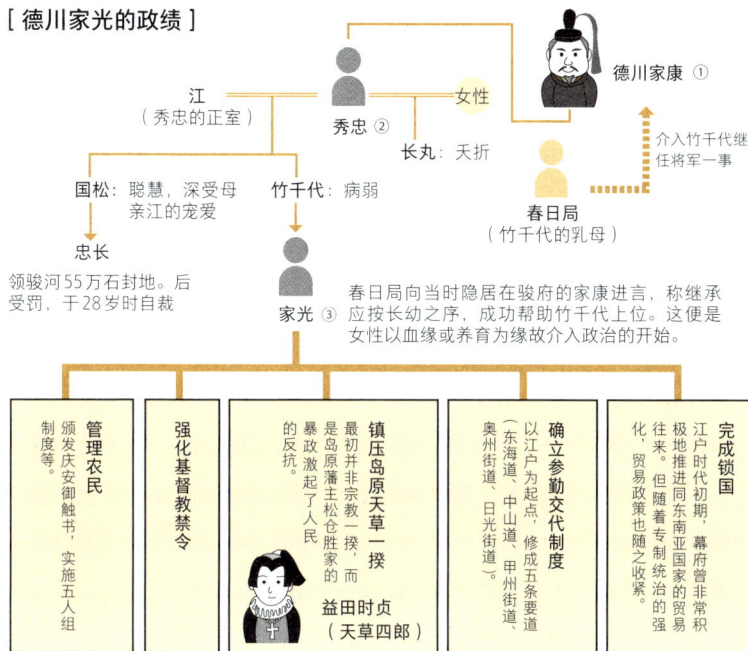

江
（秀忠的正室）

秀忠 ②

女性

德川家康 ①

长丸：夭折

介入竹千代继
任将军一事

春日局
（竹千代的乳母）

国松：聪慧，深受母
亲江的宠爱

竹千代：病弱

忠长

领骏河 55 万石封地。后
受罚，于 28 岁时自裁

家光 ③

春日局向当时隐居在骏府的家康进言，称继承
应按长幼之序，成功帮助竹千代上位。这便是
女性以血缘或养育为缘故介入政治的开始。

管理农民
颁发庆安御触书，实施五人组制度等。

强化基督教禁令

镇压岛原天草一揆
最初并非宗教一揆，而是岛原藩主松仓胜家的暴政激起了人民的反抗。

益田时贞
（天草四郎）

确立参勤交代制度
以江户为起点，修成五条要道（东海道、中山道、甲州街道、奥州街道、日光街道）。

完成锁国
江户时代初期，幕府曾非常积极地推进同东南亚国家的贸易往来。但随着专制统治的强化，贸易政策也随之收紧。

［锁国体制下的对外窗口］

对马
通过对马藩继续对朝贸易。
在将军更替时，朝鲜会派使臣来日本道贺。

松前
通过松前藩继续对阿依努的贸易。

萨摩
通过萨摩藩继续对琉球贸易，更通过琉球和中国（清）等进行贸易。

长崎（幕府直辖地）
以出岛为窗口，仅同荷兰、中国（清）贸易。

（江户时代）

转向文治主义——生灵怜悯令

大名日趋衰弱，加上贯彻锁国政策后，太平盛世终于来临。此时，第5代将军纲吉推动幕府的统治从武人独裁转向了文治主义。

家光去世后，幼小的家纲继承了将军之位。因为将军年少，无法亲政，老中、大奥、将军身边人等干预政治的倾向进一步加强了。

世上虽说是太平了，却也出现了新的不稳定因素：因为世家大族消亡，封地削减，有大量的武士沦为浪人。在此背景下，军学学者由井正雪一手策划了庆安之变，试图推翻幕府统治。虽然政变在未然之时就被察觉、扑灭，但以此为契机，幕府决定放弃武人独裁，转而建立以法律和儒学为基础的文治主义。

家纲生来病弱，不得不由家光的异母弟弟保科正之等人辅政。这几个人死后，大权便落到了大老酒井忠清手中。家纲40岁病死后，忠清还试图仿效镰仓幕府从皇族选人做将军，但最后以失败告终。

家纲的弟弟、馆林藩主纲吉就任第5代将军。纲吉重新启用了被忠清废黜的大老堀田正俊，本人亦倾心于朱子理学，将圣堂（孔庙）迁至汤岛并亲自授课。

纲吉热衷布施善政，可是后期专宠身边的柳泽吉保，甚至将其封为大名，逐渐开始公私不分。这一行为的极点便是"生灵怜悯令"。该法令虽说肯定了近来的非武装化进程，强调通过避免杀生来教化百姓的功绩，但农民、市民中重视人命的民生思想早在家康时代便已萌发，如此偏执地爱护动物反而是有问题的。因此在纲吉死后，该法令便被废止。

［家纲和纲吉的文治政治］

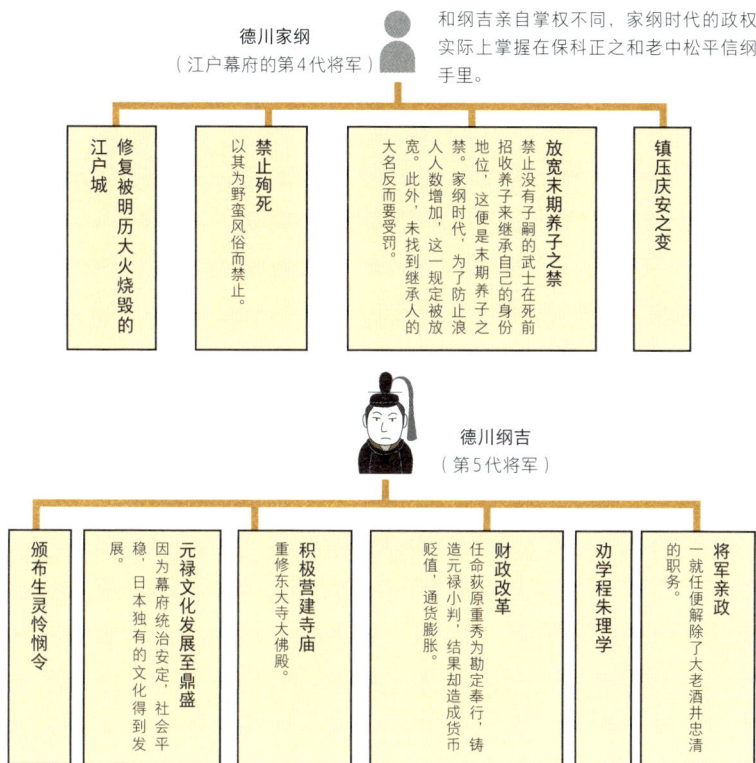

德川家纲
（江户幕府的第4代将军）

和纲吉亲自掌权不同，家纲时代的政权实际上掌握在保科正之和老中松平信纲手里。

- 修复被明历大火烧毁的江户城
- 禁止殉死
  以其为野蛮风俗而禁止。
- 放宽末期养子之禁
  禁止没有子嗣的武士在死前招收养子来继承自己的身份地位，这便是末期养子之禁。家纲时代，为了防止浪人人数增加，这一规定被放宽。此外，未找到继承人的大名反而要受罚。
- 镇压庆安之变

德川纲吉
（第5代将军）

- 颁布生灵怜悯令
- 元禄文化发展至鼎盛
  因为幕府统治安定，社会平稳，日本独有的文化得到发展。
- 积极营建寺庙
  重修东大寺大佛殿。
- 财政改革
  任命荻原重秀为勘定奉行，铸造元禄小判，结果却造成货币贬值，通货膨胀。
- 劝学程朱理学
- 将军亲政
  一就任便解除了大老酒井忠清的职务。

［生灵怜悯令］

原本是基于爱护动物和重视人命的精神颁布的命令，渐渐地却走过了头。

> 将军尊驾移步的前方有猫或狗也不打紧（1685年）。
> 禁止丢弃病人或牛马，不得出于食用目的贩卖鱼、鸟和贝类（1687年）。
> 可以使用枪支威慑驱赶猪、狼、鹿等（1689年）。
> 禁止以卖艺招摇为目的教授生灵技能（1691年）。
> 禁止垂钓（1693年）。
> 逮捕伤犬者，上报江户的金鱼总数（1694年）。
> 在中野建造小屋收容野狗（1695年）。

（江户时代）

元禄文化和产业的发展

纲吉之治时，以京都和大阪为中心，市民文化开出了璀璨的花朵，这便是元禄文化。此外，受惠于太平之盛，农业、商业均有较大发展。

　　大概在纲吉在位的17世纪末到18世纪，以京都和大阪这一区域为中心，以市民为主体，诞生了璀璨的文化。依据当时的年号，这一文化被命名为元禄文化。

　　元禄文化中涌现了一批被称为"浮世草子"的小说，生动地描绘了当时市民生活的光与影。其中，井原西鹤创作的《日本永代藏》《世间胸算用》《好色一代男》等作品脍炙人口，放到今天也绝不过时。

　　在那个既没有电视也没有电影的时代，人形净琉璃戏剧用出色的表演给市民们带来欢乐与享受。最有名的人形净琉璃剧作家是近松门左卫门。他创作的以《曾根崎情殇》为代表的殉情系列、《冥途飞脚》和《女杀油地狱》等轰动一时的作品，时至今日，依然经常被改编并搬上舞台。

　　将连歌的发句（首句）单独提出来，进行文学上的升华，就出现了俳谐。后来，又发展出了川柳和俳句。诸多诗歌流派登场，百花齐放，而松尾芭蕉的出现，更是进一步提高了俳句的艺术境界。认为人生如旅途的芭蕉，在旅行中留下了《奥州小道》等一系列吟咏途中见闻的出色纪行作品。俳句甚至受到了外国人的喜爱。

　　绘画方面，最为出彩的是在海外也广受好评的浮世绘。以《燕子花屏风》为代表作的尾形光琳和绘制了邮票上回眸一笑的美人的菱川师宣都很有名。这个时代最值得大书特书的地方，就是市民阶层一肩担起了文化的发展。

［元禄文化］

文学

井原西鹤　　　　　　　　　　　　　　山鹿素行《武家事纪》（史书）《中朝事实》（同上）
《好色一代男》（浮世草子）　　　　　德川光圀《大日本史》（同上）
《好色五人女》（同上）　　　　　　　新井白石《折薪记》（随笔）《藩翰谱》（谱系书）
《好色一代女》（同上）　　　　　　　贝原益轩《养生训》（养生指南）
《日本永代藏》（同上）
《世间胸算用》（同上）

近松门左卫门
《曾根崎情殇》（人形净琉璃，之后改编为歌舞伎）
《国姓爷合战》（同上）《情死天网岛》（同上）

松尾芭蕉
《奥州小道》（俳句·纪行文学）
《荒野纪行》（俳句·纪行文学）

林罗山·林鹅峰《本朝通鉴》（史书）

摘自松尾芭蕉的《奥之细道》

月日者百代之过客，来往之年亦旅人也。
夏草茫茫，豪强梦潭。
静似幽冥，蝉声尖厉不稍停，
钻透石中鸣怒海涌银河，流来佐渡岛。

艺术

尾形光琳　　　　　　　　　　　　　　菱川师宣
《燕子花屏风》（绘画，现藏根津美术馆）　《美人回眸图》（浮世绘，现藏东京国立博物馆）
《红白梅图》（绘画，现藏MOA美术馆）　野野村仁清
　　　　　　　　　　　　　　　　　　色绘月梅文茶壶（陶艺，现藏东京国立博物馆）

［元禄时期的农、商业发展］

京都
天子脚下。城市依照功能进行规划，比现在更胜一筹。

江户
将军脚下。元禄时期人口一度达到85万，成为日本第一大都市，是18世纪世界范围内超过百万人的大都市之一。

大阪
诸藩的府宅林立，东西南北商品买卖通达，有"天下厨房"之称。

元禄时期，幕府直辖的江户、大阪和京都被称为"三都"，经济规模远超其他年代。此外，因应用了新型农具（备中锹）和施肥法等，稻米的产量突飞猛进。

（江户时代）

新井白石和正德之治

纲吉去世后，他的侄子、甲府德川家的藩主更名家宣，继任为第6代将军。家宣否定了纲吉的政治，弃用柳泽吉保，启用了他从甲府藩带来的旧臣间部诠房和新井白石。

间部诠房自甲府藩主时代便紧随家宣左右，后被提拔为大名；而勤学苦读的新井白石，则在甲府藩主时代被选为旗本，此二人联合第6代将军家宣，推行了包括废止生灵怜悯令在内的正德之治，被后世赞为"善政"。然而，继位时已届48岁"高龄"的家宣，在短短3年后便撒手人寰。

接过将军宝座的是他的四子家继。就算再怎么聪明伶俐，家继继位时也不过是个年仅5岁的稚童，所以依然由间部诠房和新井白石二人摄理朝政。无奈两人虽身在权力中枢，但实则出身卑微，根基不稳，施政完全依赖背后的将军。勉力支撑了3年之后，家继夭折，诠房和白石二人失去依靠，被放逐出权力中心。

御三家之首的尾张藩主继友一度成为将军候选人，但他遭到了一心想排除大奥、诠房和白石势力的幕臣阁僚们的强烈反对。最终，同样出身御三家纪州的吉宗胜出，成为第8代将军。

其实说起将军候选人，早在前一代，尾张藩的当家吉通的名字就曾在家宣的病榻前被讨论过。否决这一提案的不是别人，正是新井白石。尾张藩出头的希望被白石扼杀在了摇篮里，此后又经历了诸多不幸，直到明治时代也没出过一任将军。明治维新时，尽管尾张藩同样为尊王倒幕尽心尽力，无奈偏偏在紧要关头闹起了家族内部的权力纷争，没能向维新政府输送人才，只能眼巴巴地望着萨（摩）长（州）绝尘而去。此后，名古屋便始终游离于中央权力之外。

［家光之后的德川将军家］

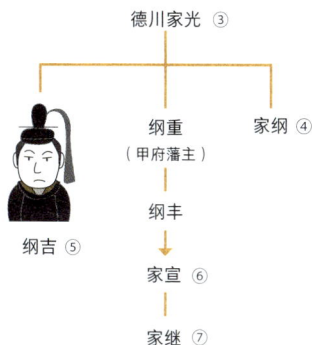

德川家光 ③

纲重
（甲府藩主）　　　　家纲 ④

纲吉 ⑤

纲丰

家宣 ⑥

家继 ⑦

因纲吉膝下无子，他的侄子（兄长纲重之子）
纲丰（后更名家宣）便继位成为第6代将军。

年表

1702年	赤穗浪士攻入吉良家宅邸。
1707年	富士山喷发（宝永大喷发）。
1709年	纲吉去世。家宣就任第6代将军，启用新井白石。
1711年	白石重修朝鲜通信使待遇。
1712年	家宣去世。
1713年	家继就任第7代将军。
1714年	铸造正德小判。
	1400余人因卷入江户城大奥的当权派江岛同歌舞伎业者狎游一事，遭"整肃纲纪"，受到处罚。（江岛生岛事件）
1715年	海舶互市新令实施。

［正德之治］

间部诠房　　德川家宣　　新井白石

家宣、诠房、白石的三头政治体制（家宣去世后，诠房和白石继续掌权）

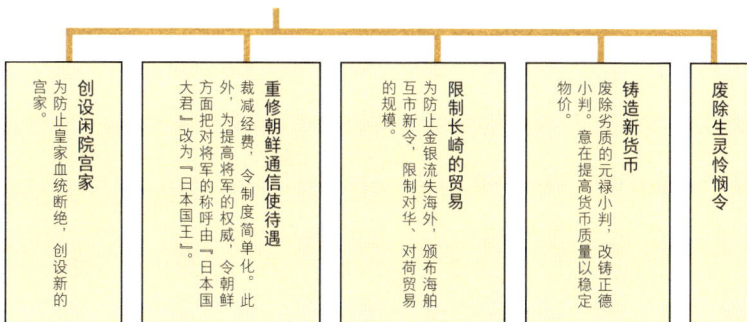

创设闲院宫家　为防止皇家血统断绝，创设新的宫家。

重修朝鲜通信使待遇　裁减经费，令制度简单化。此外，为提高将军的权威，令朝鲜方面把对将军的称呼由"日本国大君"改为"日本国王"。

限制长崎的贸易　为防止金银流失海外，颁布海舶互市新令，限制对华、对荷贸易的规模。

铸造新货币　废除劣质的元禄小判，改铸正德小判。意在提高货币质量以稳定物价。

废除生灵怜悯令

（江户时代）

吉宗和享保改革

因顺位靠前的候选人接连死去，吉宗意外获得了将军大位。历史上，得此天降大任之人定当成就一番伟业。

　　德川宗家的血脉断绝之后，将军的人选便不得不从御三家中产生。在安居大奥深处的家宣正室天英院的支持下，纪州的吉宗力压御三家之首尾张藩，成为将军。多亏对手们纷纷折戟，这个纪州藩家的四子才幸运地跳过龙门。此后直至第14代，将军始终出自纪州系。

　　吉宗罢免了诠房和白石，亲自掌管国政。他所推行的一系列改革被称为"享保改革"，其中有名的当属"目安箱"。设立小石川养生所与创设町火消（消防队）制度，均由"目安箱"中的投书而来。此外，吉宗还下令编纂了判例集《公事方御定书》，以此作为司法审判的基准，并破格启用了大冈忠相等人。当时，人才的选拔受身份限制，只能从享有一定俸禄的阶级（"石高"）中选拔人才担任官职。为了不拘一格启用忠相等饱学之士，吉宗导入了"足高制"，规定官员在职时将临时提高其享有的俸禄等级。为了解决国库拮据问题，他缩小大奥编制，实施"上米制"，即大名可以按照一定比例多交大米，换得将参勤交代制中停留在江户的时间缩短为半年。这也是吉宗被称为"米将军"的由来。与他厉行节俭，推崇实学的形象相符的，还有奖励农田开垦与经济作物栽培，命令青木昆阳研究番薯的栽培等举措。此外，吉宗还解禁了医学等实用学科类西洋图书，对兰学的发展做出了贡献。为防止将军之位旁落他人，吉宗在御三家外又设御三卿，亦可继承将军之位。三卿为吉宗次子宗武的田安家、三子宗尹的一桥家，再加上下一任将军家重的次子重好分出去的清水家。

［接连死去的将军候选人］

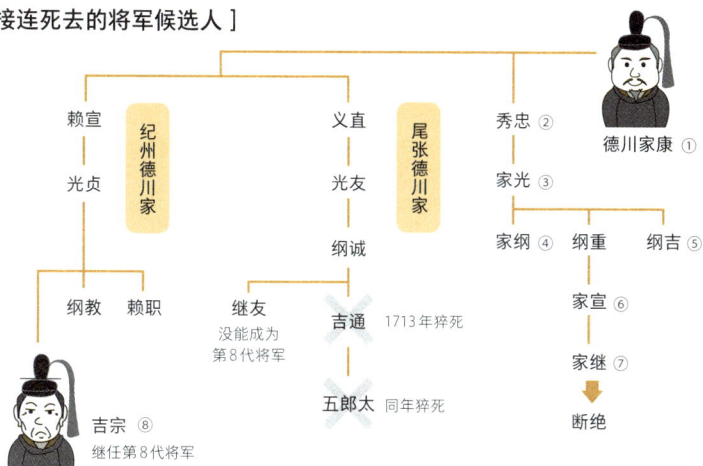

纪州德川家
赖宣 — 光贞 — 纲教 赖职

吉宗 ⑧
继任第8代将军

尾张德川家
义直 — 光友 — 纲诚 — 继友
没能成为
第8代将军

吉通
1713年猝死

五郎太
同年猝死

德川家康 ①
秀忠 ②
家光 ③
家纲 ④ 纲重 纲吉 ⑤
家宣 ⑥
家继 ⑦

断绝

［享保改革］

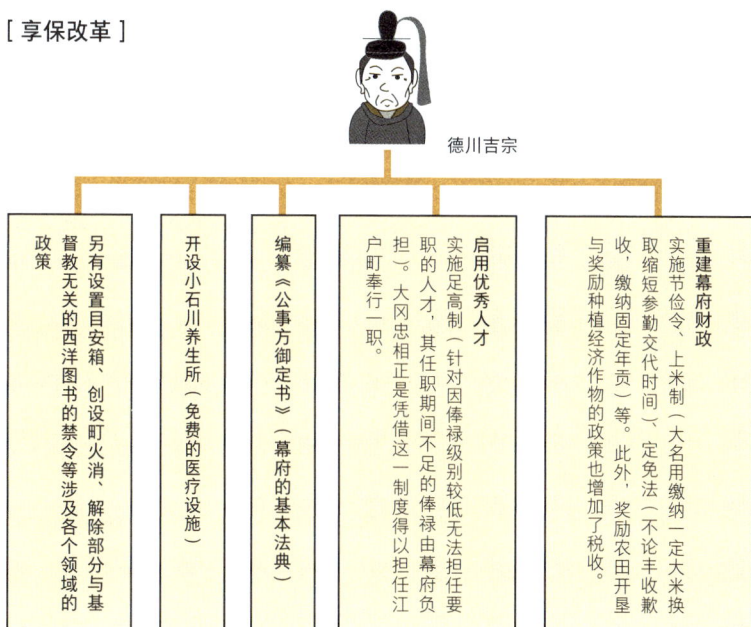

德川吉宗

重建幕府财政
实施节俭令，上米制（大名用缴纳一定大米换取缩短参勤交代时间）、定免法（不论丰收歉收，缴纳固定年贡）等。此外，奖励农田开垦与奖励种植经济作物的政策也增加了税收。

启用优秀人才
实施足高制（针对因俸禄级别较低无法担任要职的人才，其任职期间不足的俸禄由幕府负担）。大冈忠相正是凭借这一制度得以担任江户町奉行一职。

编纂《公事方御定书》（幕府的基本法典）

开设小石川养生所（免费的医疗设施）

另有设置目安箱、创设町火消、解除部分与基督教无关的西洋图书的禁令等涉及各个领域的政策

（江户时代）

过早现身的重商主义者——田沼意次

世人提起田沼意次，脑海中浮现的形象总与贿赂、钱权交易等脱不开关系。然而，此人称得上是令日本摆脱重农主义并重建财政的先驱。

　　吉宗的长子家重最终成为第9代将军。家重口齿不清且患有失禁的顽疾，因此在他上位初期，还是由吉宗以大御所的身份摄政。6年之后吉宗去世，曾为吉宗左膀右臂的田沼意次升任大名，开始崭露头角。家重优秀的长子家治继位成为第10代将军后，即提拔田沼为侧用人（将军近侍，负责向老中们传话），令其参与朝政。为了改善幕府的财政状况，田沼采取了一系列重商主义政策。

　　政策鼓励同业者组成商会，发展专卖制度，加大对农业和商业的税收力度。在此进程中，田沼逐渐和商界生出暧昧关系。因为收受贿赂，田沼在日本史上的形象始终是一个糟糕的政治家。但是，在当时的社会背景下，贿赂被认为是社交中最自然不过的部分，田沼的最终目的也并不是贿赂，而是用商业的繁荣改善财政状况。从这一点看，他所得到的历史评价并不妥当。

　　田沼还大力开发素有"虾夷地"之称的北海道，为手贺沼、印旛沼的排水造田等公共事业倾注了心血，庇护兰学并与发明家平贺源内交流沟通。由杉田玄白、前野良泽等人翻译，具有划时代意义的医书《解体新书》正是在田沼时期出版的。

　　不幸的是，田沼时期接连发生了明和大火、浅间山喷发和天明饥荒等天灾，又未能妥当应对百姓起义和暴乱。这些账都被记到了田沼头上。靠山家治去世之后，田沼自然未能逃脱失势的结局。

［吉宗之后的德川将军家］

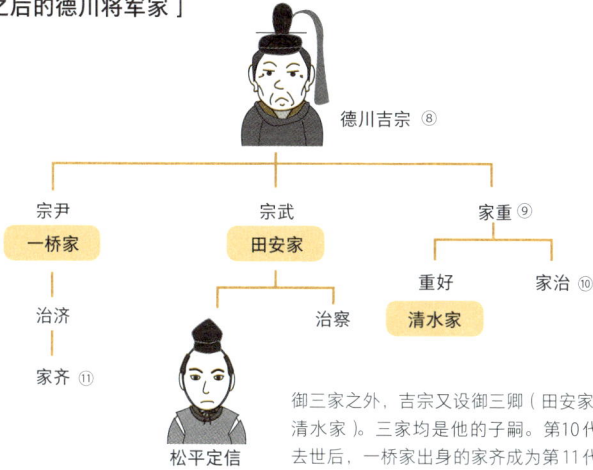

德川吉宗 ⑧

宗尹
一桥家

宗武
田安家

家重 ⑨

治济

治察

重好
清水家

家治 ⑩

家齐 ⑪

松平定信

御三家之外，吉宗又设御三卿（田安家、一桥家、清水家）。三家均是他的子嗣。第10代将军家治去世后，一桥家出身的家齐成为第11代将军。

［田沼意次的功绩］

田沼政策的基本特征是重商主义，基本方针是"财政不依赖年贡"。

田沼意次
（江户幕府老中）

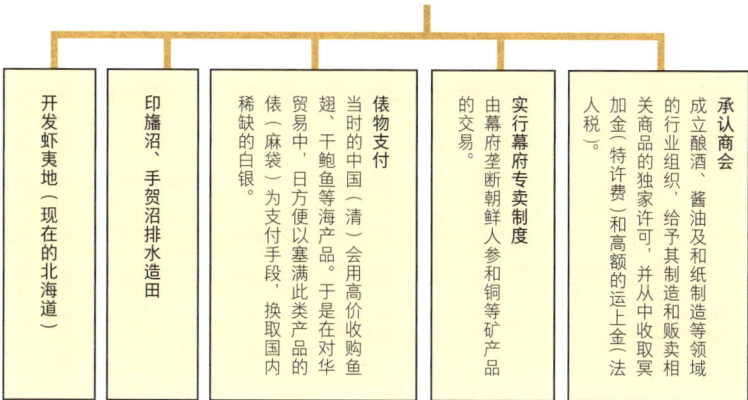

开发虾夷地（现在的北海道）

印旛沼、手贺沼排水造田

俵物支付
当时的中国（清）会用高价收购鱼翅、干鲍鱼等海产品。于是在对华贸易中，日方便以塞满此类产品的俵（麻袋）为支付手段，换取国内稀缺的白银。

实行幕府专卖制度
由幕府垄断朝鲜人参和铜等矿产品的交易。

承认商会
成立酿酒、酱油及和纸制造等领域的行业组织，给予其制造和贩卖相关商品的独家许可，并从中收取冥加金（特许费）和高额的运上金（法人税）。

（江户时代）

松平定信和宽政改革

官商勾结、令人厌恶的田沼下台后，代替他的是以两袖清风著称的松平定信。然而，松平定信施行的复古主义金融贸易政策并无成效，甚至引发了比田沼时代更严重的经济衰退。

家治的世子家基18岁时突然去世，不得已，家治只得过继了吉宗的曾孙、一桥家的第2代当家治济之子，这便是后来的第11代将军家齐。家齐登上将军之位时年仅15岁。田沼就此下野，代替他辅佐将军的是吉宗之孙、曾为白河藩主的老中松平定信。

定信的血统原本较家齐更靠近宗家，却因田沼从中作梗，出继到了白河家。有此因由，定信自然全盘否定田沼的政策。他推行宽政改革，真心实意地希望回到前一个时代那样质朴节俭，尊崇朱子理学的重农主义。

定信下令禁止朱子学之外的其他学问（宽政异学之禁），发布"归农令"，命令田沼时代流动至城市的农民回到农村。此外，还命令大名储备大米以防饥馑，实行旗本救济的德政"弃捐令"。

然而这一系列的改革太过严苛，招来了人们的反感。干净清白不等于众口皆碑乃政界的法则。此时又恰好发生了尊号事件，身量刚成、对亲政跃跃欲试的家齐对定信越加不满。最终定信被罢免，家齐亲政。

在历代将军多为子嗣问题烦恼的情况下，家齐却储备了一支超过50人的儿女大军。这些多出来的子孙不停地被过继出去或出嫁，即使这样依然给幕府的财政造成了巨大压力。一个政治家励精图治，勤政节俭攒下的家财，就这样葬送在另一个当权者的欲望之下。

［松平定信就任老中］

松平定信
（白河藩主·江户幕府老中）

德川吉宗之孙，在血缘上比第11代将军家齐更靠近德川宗家，即使成为将军也毫不奇怪。

欲以将军之孙的身份就任老中，因没有先例，遭到了其他老中与大奥方面的强烈反对。最终依靠其任白河藩主时的出色政绩成功获任。

生于田安家，为第1代当家田安宗武的第7子。

↓

彼时正值田沼意次势力最盛之时。为了远远躲开意次，被送往白河藩主松平定邦处为养子。

↓

实施宽政改革。

重建了白河藩的财政。在荒年及时放粮救济，成功使得百姓无一人饿死。

↓

发生尊号事件。光格天皇（后桃园天皇的养子，其父闲院宫典仁亲王未曾登上过天皇之位）希望封其父为太上天皇，遭定信拒绝。

↓

与家齐成针锋相对之势，辞去老中一职。

←

与光格天皇处境相同的将军家齐（出身一桥家，其父治济从未当过将军）也想封其父为大御所，却因尊号事件而泡汤。

［宽政改革］

定信的宽政改革，本质上是彻底否定田沼政治。然而，过于严苛的包办政治却也遭到了来自大名和普通民众的强烈反抗。

 松平定信

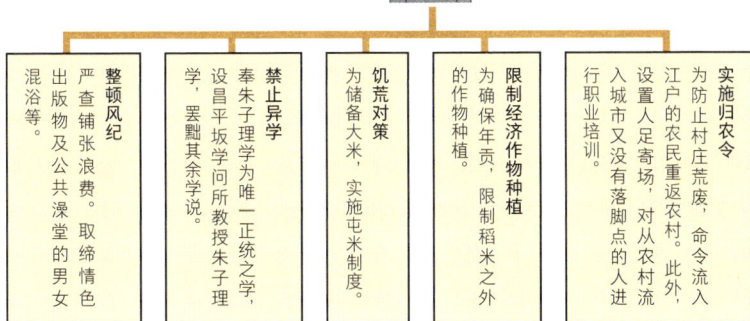

整顿风纪
严查铺张浪费。取缔情色出版物及公共澡堂的男女混浴等。

禁止异学
奉朱子理学为唯一正统之学，设昌平坂学问所教授朱子理学，罢黜其余学说。

饥荒对策
为储备大米，实施屯米制度。

限制经济作物种植
为确保年贡，限制稻米之外的作物种植。

行职业培训。

实施归农令
为防止村庄荒废，命令流入江户的农民重返农村。此外，设置人足寄场，对从农村流入城市又没有落脚点的人进

123

No.56

(江户时代)

水野忠邦与天保改革

第12代将军家庆起用了水野忠邦。忠邦携天保改革，登临幕府复古政治的最高点。然而，接连发生的饥荒与面对外来侵袭的软弱无力，让时代的车轮渐渐向幕末驶去。

家齐把将军之位让给了次子家庆，开始施行大御所政治。天保年间，发生饥荒，因救灾不力，1837年幕府旧臣大盐平八郎在大阪举兵造反。虽然幕府最终镇压了叛乱，大盐自尽，但叛乱由此在各地接连爆发。显然，幕府的向心力和权威已是强弩之末。

家齐死后，家庆起用老中水野忠邦。从唐津藩主升任幕府之臣，忠邦可谓平步青云。在他的主持下，实施了一系列被称为"天保改革"的政策。其主要内容是远远落后于时代的重农主义，可以说是对宽政改革的拙劣模仿。他下令解散商会，发布返乡令，不禁让人想起了令出身农村地区者重返农村的归农令。此外，还试行了所谓的"上知令"，命令江户和大阪附近的大名交出领地作为幕府的直辖地。因内容远滞后于时代，忠邦的改革并不顺利。特别是上知令，遭到了大名的激烈抵抗，成为忠邦最终失势的原因。

此时，帝国主义全球扩张的脚步终于来到亚洲。日本虽施行海禁政策，却依然有外国船只前来。幕府拒绝了来日本要求通商的俄国人列扎诺夫（Rezanov）的请求，却又因对方的报复，不敢再严词拒绝，改为对外国船只颁布薪水（燃料淡水）给予令。此后又发生了英国船费顿号（Phaeton）冒充荷兰船非法入境之事。幕府对外国船只的警惕性再次升高，发布异国船驱逐令，对外态度再次转为强硬。激荡的幕末时代已在眼前。

124

[天保改革]

忠邦曾为唐津藩主。此后他将领地更换为俸禄低但在政治上更有前途的滨松藩，当上了老中。

水野忠邦
（江户幕府老中）

上知令 为强化幕府权力，试图没收江户与大阪附近的大名和旗本领地，充作幕府的直辖地。这一政策遭到了其他老中和大名的激烈反对，未能实施。	**发布弃捐令** 为解救大名、旗本等的经济危机，宣布废除其债务。	**禁止组织商会** 为了使农村地区的商人能够自由买卖，下令禁止商会活动，剥夺其特权。	**实施返乡令** 强行将流入江户的农民遣返回乡。	**实施节俭令** 取缔华美的服饰、奢侈的菜肴和点心等，还计划削减寄席」（演出曲艺的剧场）的数目，但遭到了北町奉行远山景元的反对。

[接连来航的外国船只]

面对不断来日的外国船只，幕府在1825年发布了强硬的异国船只驱逐令，但在1806年和1842年又试图用较为和缓的薪水给予令将其打发出国门。

国后岛 1811 年
俄国军舰戴安娜号船长哥罗宁在千岛群岛进行测绘作业，被松前藩逮捕。

长崎 1804 年
俄国使节列扎诺夫在日本漂流民的陪伴下赴长崎要求通商，被幕府拒绝。

1808 年
英国船只费顿号追着一艘荷兰船冲入长崎港，要求日方提供燃料、淡水和食品。

根室 1792 年
俄国使节拉克斯曼，在漂流到俄国的日本人大黑屋光太夫的陪伴下，赴日要求通商。

大津滨 1824 年
英国船只靠岸，要求补充燃料、淡水和食品，被水户藩逮捕。此事成为颁布异国船只驱逐令的契机。

浦贺 1837 年
载有日本漂流民的美国船只莫里森号来航要求通商。依照异国船只驱逐令，浦贺奉行予以炮击。

宝岛 1824 年
英国船只靠岸劫掠。1名英国人死亡。

（江户时代）

江户时代璀璨的化政文化

家齐的时代，即文化·文政年间（年号），现代日本人十分熟悉的讽刺、滑稽文化在江户城中不断发展，欣欣向荣。这便是化政文化。

在家齐亲政的文化·文政年间，反映人间百态的讽刺、滑稽戏等娱乐文化以江户为中心，迅速发展。这就是化政文化。

说起江户，现代日本人脑海中的印象很多就源于化政文化。首先说说文学。作家十返舍一九因《弥次喜多道中》而广为人知。他的《东海道中旅行记》，既可以作为笑话书博君一笑，也可作为纪行文学来读，边读边想象作者旅行中的种种，同样其乐无穷。从此类作品的出现，可以窥见当时徒步旅行在百姓中已经很常见了。紧随其后出现了传奇文学。泷泽马琴的《南总里见八犬传》，将玄幻与儒家道德、佛教思想巧妙融合，对后世的许多作品产生了深远的影响。

接着再说说对梵·高等人影响颇深，理应被当作"酷日本"文化原点的浮世绘。浮世绘画家之中，既有以出色的写实作品《东海道五十三次》闻名的歌川广重，亦有绘出形制巨大的《富岳三十六景》的葛饰北斋，还有将"变形"手法用到极致，某种意义上堪称当今流行的Q版画祖师的东洲斋写乐，更有以美人画闻名的喜多川歌麿，大师之多，不胜枚举。

以研究日本自古以来的古典文化为主的"国学"，当时也十分兴盛。荷田春满、其精研《万叶集》至极致的弟子贺茂真渊、钻研《古事记》并著有《古事记传》的本居宣长，与确立了复古神道的平田笃胤并称为国学四大家。平田笃胤集前人之大成，复古神道成为幕末到明治维新时期社会的精神支柱之一。这些学问在藩校都有教授，一般百姓的孩子也能在寺子屋里学到读写、算盘等实用的学问。

[化政文化]

美术

东洲斋写乐
《三世大谷鬼次之奴江户兵卫》（浮世绘）
※ 东洲国立博物馆等藏

葛饰北斋《富岳三十六景》（浮世绘）
※ 墨田北斋美术馆等藏

歌川广重《东海道五十三次》（浮世绘）
※ 东京国立博物馆等藏

喜多川歌麿《宽政三美人》（浮世绘）
※ 平木浮世绘美术馆等藏

平贺源内《西洋妇人图》（西洋风绘画）
※ 神户市立博物馆藏

司马江汉《不忍池图》（西洋风绘画）
※ 东京国立博物馆藏

渡边华山《鹰见泉石像》（文人画）
※ 东京国立博物馆藏

圆山应举《雪松图》（写生画）
※ 大阪市立美术馆藏

文学

《东海道中旅行记》（滑稽书）
《浮世澡堂》（滑稽书）
《南总里见八犬传》（话本）
《雨月物语》（话本）
《假名手本忠臣藏》（人形净琉璃、歌舞伎）
《东海道四谷怪谈》（歌舞伎）
《我春集》（俳谐集）
《芜村七部集》（俳谐集）

摘自小林一茶《我春集》

恭喜也只是中通罢了，俺的春天。
同我来游嬉罢，没有母亲的雀儿，小雀儿。
回避罢，回避罢，马来了呵！
露水的世，虽然是露水的世，虽然是如此。

国学

贺茂真渊　《万叶考》《歌意考》
本居宣长《古事记传》《源氏物语玉小栉》
平田笃胤《古史征》《古史传》

[全国各地开设的藩校、私塾]

藩校
私塾

明伦馆（长州藩）
花田教场（冈山藩）
明德馆（秋田藩）
兴让馆（米泽藩）
养贤堂（仙台藩）
松下村塾（吉田松阴等）
明伦堂（加贺藩）
日新馆（会津藩）
修猷馆（福冈藩）
鸣泷塾（海岸）
弘道馆（水户藩）
幕府直属的学问所 昌平坂学问所
造士馆（萨摩藩）
时习馆（熊本藩）
适塾（绪方洪庵）
洗心洞（大盐平八郎）

4

近代

幕末与
明治维新

幕末	1837年	莫里森号来航	130
	1839年	蛮社之狱	130
	1840年	第一次鸦片战争爆发	130
	1853年	佩里来航	130
	1854年	佩里再度来日，缔结日美和亲条约	130
	1858年	缔结《日美友好通商条约》	132
		安政大狱开始	134
	1859年	吉田松阴、桥本左内等人被处决	134
	1860年	樱田门外之变	134
	1861年	和宫下嫁	134
	1862年	岛津久光上京、生麦事件爆发，松平容保就任京都守护	136
	1863年	萨英战争开始。发生八月十八日政变，七卿落难	138
	1864年	禁门之变爆发，第一次征讨长州，下关事件爆发	138、140
	1865年	高杉晋作功山寺起兵	141
	1866年	萨长结为同盟。第二次征讨长州	140
	1867年	大政奉还，发布王政复古大号令	142
	1868年	爆发鸟羽·伏见之战	144
		发布《五条御誓文》	148
明治时代	1869年	箱馆战争爆发，版籍奉还	144、148
	1871年	废藩置县	148
	1872年	富冈制丝厂开业	150
	1873年	地租改正	150
		遣欧使节团回国，西乡等人下野	154
	1874年	出兵台湾	152
	1875年	缔结《桦太千岛交换条约》	152
	1877年	西南战争爆发	156
	1889年	颁布大《日本帝国宪法》	160
	1890年	举行第一次众议院总选举	160
	1894年	中日甲午战争爆发	164
	1895年	三国干涉（还辽）	166
	1902年	缔结日英同盟	168
	1904年	日俄战争爆发	168
	1910年	合并韩国（吞并）	170

　　自佩里来航以来，江户幕府便在欧美列强的开国要求和国内的攘夷运动间左右为难。以萨摩和长州为中心的倒幕运动，终于为幕府敲响了丧钟。明治政府诞生。日本社会开始急速近代化，制定了宪法，召开了国会。凭借富国强兵政策及巧妙的外交手腕，日本国力上升，接连在中日、日俄两场对外战争中取得胜利。

（幕末）

佩里来航和打开国门

欧美列强掀起的亚洲殖民地浪潮终于也波及了日本。黑船来航之后，迫于压力，幕府终于打开了国门。

分割完南美及非洲，欧美帝国主义列强又瞄上了亚洲。这一分割世界的浪潮终压至日本国门口。但由于岛国的地理特点，日本得以幸运却又艰难地坚持着闭关锁国政策。1837年，美国商船莫里森号载着日本漂流民抵达鹿儿岛，萨摩藩依照"异国船只驱逐令"予以炮击。此举令幕府的海防政策遭到多方批评，但最终受罚的反倒是渡边华山、高野长英等西洋学者（蛮社之狱）。

1840年鸦片战争爆发。在得知统治中国的清朝败于英国之手后，幕府转而采取相对和缓的对外政策，发布薪水给予令，允许向外国船只提供燃料等物资补给。

1853年，包括两艘蒸汽轮船在内，一支由四艘黑色轮船组成的舰队开进了浦贺，与江户只有唇齿之遥。这正是携带了美国总统菲尔莫尔亲笔信的佩里的舰队，为打开日本国门而来。幕府与其约定次年答复，争取了一年时间。在这一年中，幕府征求了上至朝廷、公家、大名，下至下级武士乃至普通民众的意见。这也成为此后幕府在各方意见中摇摆的开始。第12代将军家庆61岁那年因病去世，其四子家定就任第13代将军。原本就疾病缠身的家定上任之后，身体状况更加恶化，政务只能交由老中阿部正弘、堀田正睦等人处理。第二年佩里再来，幕府与其缔结了《日美和亲条约》（神奈川条约），开辟下田、箱馆两个港口，同意为外国船只补给燃料和食品。

[佩里来航时的德川将军家]

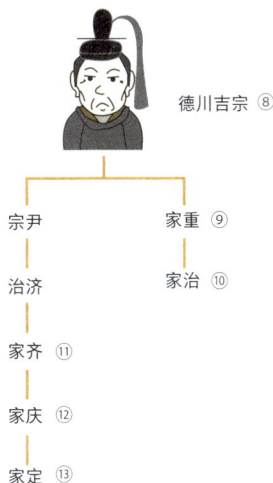

德川吉宗 ⑧

宗尹 　　　家重 ⑨

治济 　　　家治 ⑩

家齐 ⑪

家庆 ⑫

家定 ⑬

佩里来航时，江户幕府的将军是第12代将军家庆。家庆年事已高，没过多久就去世了。他的儿子家定继任成为第13代将军。但拖着病体的家定，完全没法处理政务。

[日美和亲条约]

第 1 条
日美两国及两国国民间，结为永久亲善关系。

第 2 条
下田、箱馆开港。燃料、淡水、食品等必要物资可在此二港得到补给。

第 3 条
美国船舶触礁有难之时，船上人员应移送下田、箱馆，交由美国人处置。

第 9 条
美国享受最惠国待遇。

第 11 条
当两国政府认为必要之时，美国政府可在下田设置领事馆。

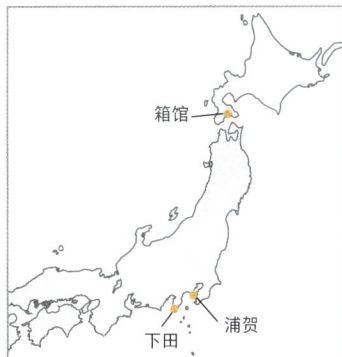

箱馆

下田　浦贺

幕府不顾朝廷与大名的反对，缔结了日美和亲条约。这一条约打破了200余年之久的闭关锁国政策。

（幕末）

井伊直弼上台与将军继嗣问题

井伊直弼凭政变掌握了实权，并与美国签订了修好通商条约。他独断专行，力推开国政策，招致攘夷派的极大不满。

    继打开国门之后，驻日美国公使哈里森又提出了贸易的要求。当时，因阿部正弘突然离世，实权由堀田正睦掌握。然而正在这时，主张开国的井伊直弼和以水户藩（以尊王为藩是）的德川齐昭为中心的攘夷派间却产生了激烈的对立。特别表现在将军继嗣问题上。家定的儿子们接连先他而去，围绕继承人问题，开国派支持纪伊家的庆福，攘夷派则支持御三卿一桥家的养子（原属水户家）庆喜。双方互不相让，争执不下。

    为了取得朝廷对缔结条约的许可，堀田动身前往京城。井伊却趁机强行将庆福定为继承人，并将一桥派驱除出幕阁，罢免了堀田的老中身份，成功政变。

    家定去世后，庆福更名家茂，成为第14代将军。在未取得孝明天皇许可的情况下，井伊立刻强行与美国人缔结了《日美友好通商条约》。这是一个不平等条约：日方无法处罚在日犯罪的美国人，也不能单方面设立关税以保护国内产业。面对这一放弃了领事裁判权和关税自主权的条约，别说攘夷派，原本就讨厌外国的孝明天皇更是勃然大怒。在缔结条约的同时，关闭下田港，新开了箱馆、新潟等五处新港。幕府又与英国、法国、荷兰、俄国缔结了同样的条约（安政五国条约）。井伊的这一决定或许源于他对国防安全的担忧，但最终结果是为他招来了攘夷派的报复。

[攘夷派和开国派的对立示意图]

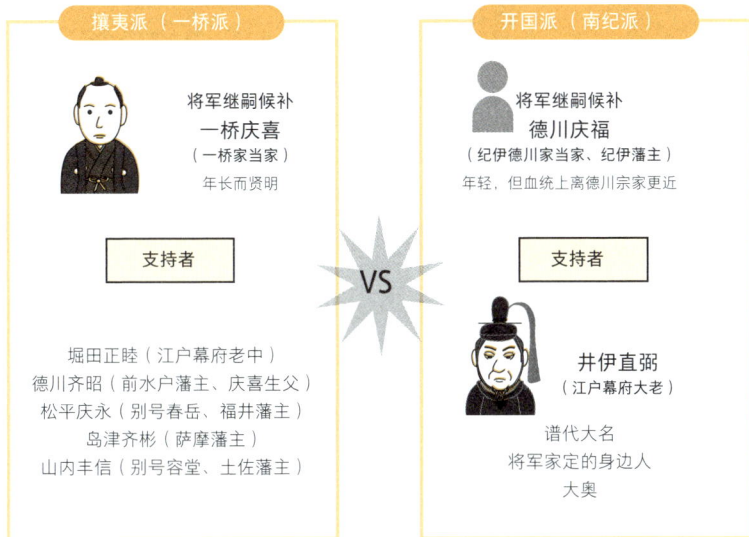

攘夷派（一桥派）

将军继嗣候补
一桥庆喜
（一桥家当家）

年长而贤明

开国派（南纪派）

将军继嗣候补
德川庆福
（纪伊德川家当家、纪伊藩主）

年轻，但血统上离德川宗家更近

支持者

VS

支持者

堀田正睦（江户幕府老中）
德川齐昭（前水户藩主、庆喜生父）
松平庆永（别号春岳、福井藩主）
岛津齐彬（萨摩藩主）
山内丰信（别号容堂、土佐藩主）

井伊直弼
（江户幕府大老）

谱代大名
将军家定的身边人
大奥

[《日美友好通商条约》]

第1条
今后日美维持友好关系。

第3条
除下田、箱馆外，新开神奈川、长崎、新潟、兵库为新港（实际开放的港口为箱馆、新潟、横滨、神户、长崎）。开辟江户、大阪为商埠进行贸易。在开港地设美国人居留点，可进行自由贸易。

第4条
除本条约规定的关税之外，美国出口日本的商品不得征收其他关税（没有关税自主权）。

第6条
驻日美国领事馆对在日犯罪的外国人行使裁判权（治外法权条款）。美国政府在下田设置领事馆。

箱馆

新潟

长崎　神户

横滨

下田

井伊直弼因未取得朝廷的许可就擅自签订不平等条约，被骂作卖国贼。但他的做法也在某种程度上起到了延缓列强进一步侵略、防止混乱扩大的效果。

（幕末）

樱田门外之变与公武合体

强硬到底的井伊直弼最终死于攘夷派的暗杀。失去了井伊的幕府虽寄希望于公武合体，却没能成功改善局面。

　　对外贸易开始之后，生丝、茶叶等商品大量输出，造成国内持续性的供给短缺，国民对井伊的不满随之高涨。即便如此，井伊依然不改其强硬作风，将反对派一一肃清，史称安政大狱。这一时期被处决的有桥本左内和吉田松阴等人。后者曾在长州开设松下村塾，培养了高杉晋作、伊藤博文等明治维新的元老级功臣。

　　曾为候补将军的庆喜，与越前福井的松平春岳、爱媛宇和岛的伊达宗城和高知土佐藩的山内容堂等人被处以"谨慎"处分（即低调行事）。他们都是有实力的攘夷派，后三人后来名列"四贤侯"。

　　对井伊的专横跋扈感到愤愤不平的脱藩藩士们，终于在1860年，于江户的樱田门外将井伊暗杀（樱田门外之变）。此后，尊王攘夷派的活动越发激进。这厢，失去了井伊的幕府决定加强同朝廷的合作，试图转移攘夷派的攻击目标。公武合体论开始出现。当时身为朝廷首脑的孝明天皇是支持幕府的佐幕派，他决定将妹妹——皇女和宫下嫁给将军家茂。1862年，和宫顺利下嫁，但与此同时，尊王攘夷派对幕府的攻击更厉害了。本应来向幕府述职的大名们，现在也绕过幕府直接与朝廷和公家联系去了。政治中心从江户转移到了京都。京都还同时成为脱藩的流浪武士与下级藩士交换信息的地方，其中的情报量及人脉甚至凌驾于幕府之上。于是，暗潮涌动的下级武士也成为政治运作的原动力。

［安政大狱］

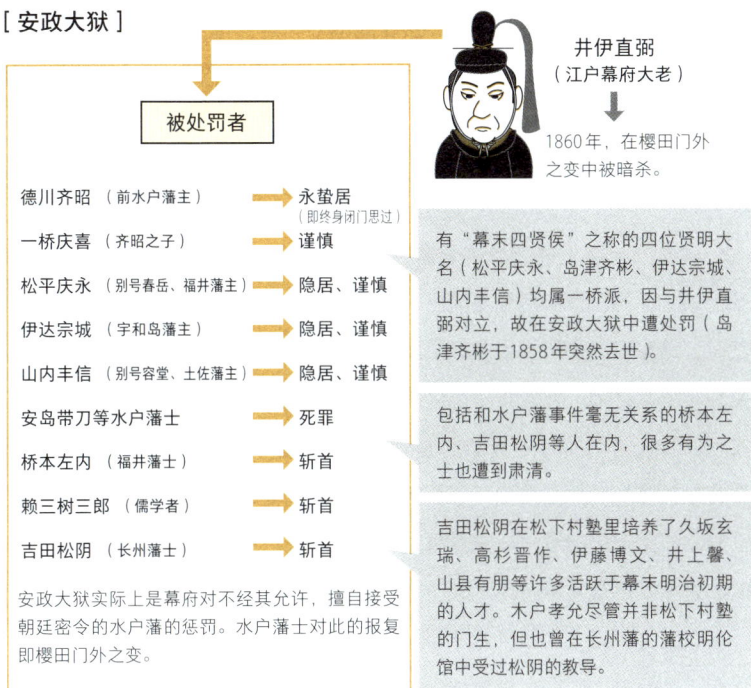

井伊直弼
（江户幕府大老）

1860 年，在樱田门外之变中被暗杀。

被处罚者

德川齐昭	（前水户藩主）	→ 永蛰居（即终身闭门思过）
一桥庆喜	（齐昭之子）	→ 谨慎
松平庆永	（别号春岳、福井藩主）	→ 隐居、谨慎
伊达宗城	（宇和岛藩主）	→ 隐居、谨慎
山内丰信	（别号容堂、土佐藩主）	→ 隐居、谨慎
安岛带刀等水户藩士		→ 死罪
桥本左内	（福井藩士）	→ 斩首
赖三树三郎	（儒学者）	→ 斩首
吉田松阴	（长州藩士）	→ 斩首

安政大狱实际上是幕府对不经其允许，擅自接受朝廷密令的水户藩的惩罚。水户藩士对此的报复即樱田门外之变。

有"幕末四贤侯"之称的四位贤明大名（松平庆永、岛津齐彬、伊达宗城、山内丰信）均属一桥派，因与井伊直弼对立，故在安政大狱中遭处罚（岛津齐彬于1858年突然去世）。

包括和水户藩事件毫无关系的桥本左内、吉田松阴等人在内，很多有为之士也遭到肃清。

吉田松阴在松下村塾里培养了久坂玄瑞、高杉晋作、伊藤博文、井上馨、山县有朋等许多活跃于幕末明治初期的人才。木户孝允尽管并非松下村塾的门生，但也曾在长州藩的藩校明伦馆中受过松阴的教导。

［和宫下嫁与公武合体］

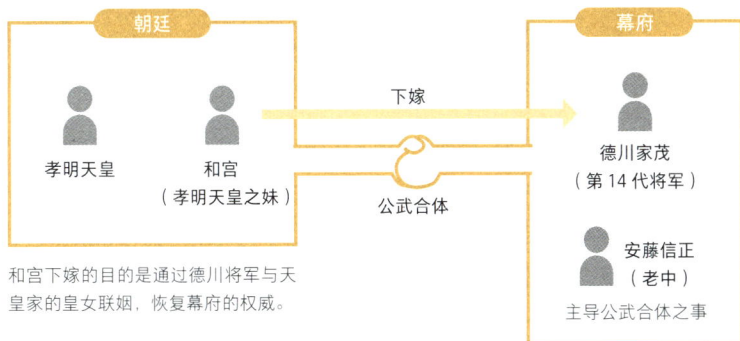

朝廷

孝明天皇

和宫（孝明天皇之妹）

下嫁

公武合体

幕府

德川家茂（第14代将军）

安藤信正（老中）

主导公武合体之事

和宫下嫁的目的是通过德川将军与天皇家的皇女联姻，恢复幕府的权威。

（幕末）

岛津久光上京与文久改革

不论是国政还是藩政，开国派和尊王攘夷派的矛盾都越发尖锐。挺身而出打破僵局的是萨摩藩的岛津久光。

稳健派和尊王攘夷派的矛盾在各藩内部都越发尖锐，暗杀与党争轮番上演。此时，萨摩藩挺身而出，打破了这一局面。实际上，早在安政大狱时，萨摩藩主岛津齐彬就已决意率藩兵上京，用拳头说话，然而他偏偏死在了出兵之前。他的侄子忠义成为藩主，忠义的亲生父亲久光则掌握了实权。1862年，继承了兄长遗志的久光率部进京，向孝明天皇进言之后，便直接挥师江户。结果松平春岳被扶上了大老兼政事总裁一职，一桥庆喜则被定为家茂的继承人。这便是文久改革。仅凭一个连大名都不是的实权派的意见就可搬弄幕府政治的动荡时代，就此拉开了序幕。

久光上京直接导致了两件事。其一是寺田屋事件。激进派们误认为久光想推翻幕府，便在京都集结，结果被视为带头人的久光一起肃清了，简直讽刺。其二则是生麦事件。在江户完成心愿，打道回府的久光一行人，在走到横滨的生麦一带时，杀伤了几名冲撞仪仗队的英国人，酿成了国际问题。虽然萨摩藩这次击退了英国政府的抗议，但其后发生的事情改变了萨摩对外政策的方向。

会津藩主松平容保被任命为京都守护职。他不顾手下重臣的反对，接受了这一任命。率领藩兵上京的容保本想采取稳妥的措施解决问题，但耐不住尊王攘夷派的挑衅，最终改变了行事方式。容保的下属，也就是后来的新选组开始清洗攘夷派，自然也让对方恨得牙痒痒。

［在幕府及诸藩发生的事件］

幕府

安藤信正
（老中）

坂下门外之变

公武合体论遭到了尊王攘夷派的反对。安藤信正在江户城的坂下门外遭到了水户藩士们的袭击，虽然勉强保住了性命，但也不得不辞去老中一职。

土佐藩

山内容堂
（前土佐藩主）

暗杀吉田东洋

武市半平太召集的土佐勤王党，刺杀了山内容堂（丰信的号）的心腹吉田东洋，掌握了藩政大权。

萨摩藩

久光 （异母兄弟） **岛津齐彬**
（第 11 代藩主）

齐彬突然去世之后，他的侄子忠义成为藩主。久光作为忠义的亲生父亲，掌握了萨摩藩的实权。

忠义
（第 12 代藩主）

寺田屋事件

久光命藩士奈良原喜八郎等人，肃清聚集在京都寺田屋的藩内尊王攘夷派。

生麦事件

文久改革完成之后，在久光回程的路上，萨摩藩士们粗暴地杀伤了横穿久光队列的英国人。

水户藩

第一次东禅寺事件

水户藩的脱藩浪士袭击了设在东禅寺的英国公使馆。

［松平容保和新选组］

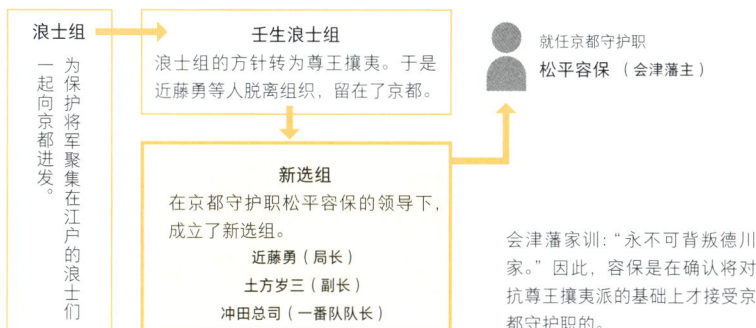

浪士组

一起向京都进发。

为保护将军聚集在江户的浪士们

壬生浪士组

浪士组的方针转为尊王攘夷。于是近藤勇等人脱离组织，留在了京都。

新选组

在京都守护职松平容保的领导下，成立了新选组。

近藤勇（局长）
土方岁三（副长）
冲田总司（一番队队长）

就任京都守护职
松平容保 （会津藩主）

会津藩家训："永不可背叛德川家。"因此，容保是在确认将对抗尊王攘夷派的基础上才接受京都守护职的。

（幕末）

动荡的京都——从八一八政变到第一次征讨长州

在江户已搞不到像样的情报，也无法从这里统治天下，于是庆喜等人决定转移至京都。他们在京都见到的，正是已然长州化的朝廷。

为给将军家茂上京打头阵，庆喜等人先行入京。如今的政治中心已不再是江户，而是京都了。到了京都的庆喜等人，得知现在朝廷主流乃是有长州藩在背后撑腰的尊王攘夷派时，大为吃惊。这么看来，公武合体之类的可能性已彻底消失。

正在这时，又发生了令幕府难堪之事。此前为报复萨摩，英国发起了萨英战争。萨摩藩被英国人教训得体无完肤之后，痛感攘夷之不可为，转而支持倒幕。幕府此时并不知道萨摩已心生反意，还替对方付了给英国人的赔偿金。

长州藩在背后操纵公家里的激进攘夷派，以攘夷不力为借口，借朝廷之手推进倒幕。结果支持长州派的公家们反被孝明天皇、庆喜、会津藩和萨摩藩等一网捞起，放逐出京，史称"八月十八日政变"。长州派的公卿们不得不流亡长州（七卿流亡）。

此后，时代愈发动荡，血腥味也愈发浓厚，先后发生了水户藩的尊王攘夷派举兵造反（天狗党之乱）、新选组袭击在京的长州尊王攘夷激进势力（池田屋事件）等多次流血事件。焦躁不安的长州藩兵随后在御所的蛤御门附近，同会津、桑名、萨摩的藩兵发生了激烈的冲突，以久坂玄瑞为首的长州激进势力在此役中几乎全军覆没。这便是禁门之变。慌乱中，长州藩竟然架起大炮向御所方向开炮，这下可成了全日本的公敌。孝明天皇命令幕府讨伐长州。第一次长州征伐最终以幕府的胜利收场。

[幕府阵营与朝廷阵营]

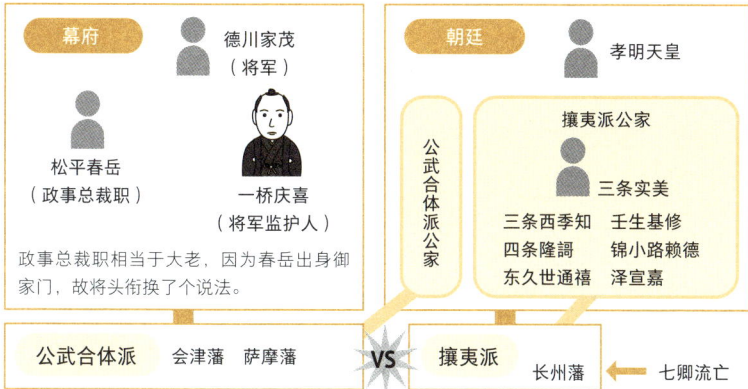

幕府　德川家茂（将军）

松平春岳（政事总裁职）　一桥庆喜（将军监护人）

政事总裁职相当于大老，因为春岳出身御家门，故将头衔换了个说法。

朝廷　孝明天皇

公武合体派公家

攘夷派公家
三条实美
三条西季知　壬生基修
四条隆謌　锦小路赖德
东久世通禧　泽宣嘉

公武合体派　会津藩　萨摩藩　**VS**　**攘夷派**　长州藩　← 七卿流亡

[禁门之变]

松平容保（会津藩主）
会津藩　萨摩藩　桑名藩
VS
久坂玄瑞
长州藩

[第一次征讨长州]

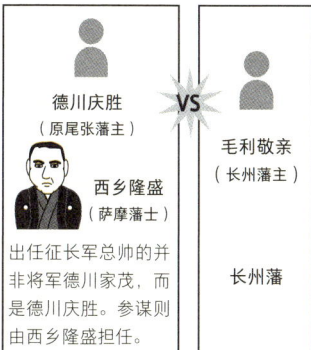

德川庆胜（原尾张藩主）
西乡隆盛（萨摩藩士）
VS
毛利敬亲（长州藩主）
长州藩

出任征长军总帅的并非将军德川家茂，而是德川庆胜。参谋则由西乡隆盛担任。

年表

1860年　樱田门外之变。
1861年　东禅寺事件。
1862年　坂下门外之变。
　　　　岛津久光率兵上京。
　　　　幕府改革（文久改革）。
　　　　寺田屋事件。
　　　　生麦事件。
　　　　松平容保就任京都守护职。
　　　　和宫下嫁。
1863年　长州藩在下关炮击了美、法、荷的军舰，遭到报复（下关事件）。
　　　　萨英战争。
　　　　松平容保将会津藩召集的壬生浪士组命名为"新选组"。
　　　　八月十八日政变，七卿流亡。
1864年　水户藩的尊王攘夷派在筑波山起兵（天狗党之乱）。
　　　　池田屋事件。
　　　　禁门之变。
　　　　第一次征讨长州。

（幕末）

长州的逆袭——出人意料的萨长同盟

霉运接连登门的长州藩又遇上了更大的不幸。无路可退之时，萨长同盟凭空出现了。凭借第二次征讨长州之战中的胜利，长州这条咸鱼漂亮地翻了身。

　　八一八政变、禁门之变，加上第一次征讨长州，本已一身霉运的长州藩再次遇上了新的倒霉事，这就是下关事件。紧咬攘夷不松嘴的长州藩竟然开炮袭击了穿过下关处海峡的外国船只。为报复此事，美、英、法、荷四国联合攻打长州，并成功登陆占据了炮台。从几乎板上钉钉的覆亡结局中将长州一把救出的，是创立了奇兵队的高杉晋作。后来的日本第一任内阁总理大臣伊藤博文也火速从英国返日。在他的陪同翻译下，高杉以幕府支付高额赔偿金为条件，同列强签订了和约。惨败令长州藩痛感攘夷之无谋，决定从此专注于倒幕。

　　此时的萨摩藩也因萨英战争的失败而放弃了攘夷政策。对幕府尖兵萨摩藩而言，长州本是不共戴天的国贼。然而在土佐出身的坂本龙马的斡旋下，萨摩的西乡隆盛和长州的桂小五郎在京都秘密达成了倒幕的约定（萨长同盟）。

　　这厢，幕府察觉长州有变，决定第二次征讨长州。然而，业已结成萨长同盟的萨摩藩按兵不动。于是，一群各怀鬼胎的乌合之众组成的幕府军，在非职业军人组成的高杉的奇兵队和村田藏六（之后的大村益次郎）的部队面前一败涂地。这场始于长州，而后蔓延至全国的战争，以幕府的大败告终。幕府好不容易才借将军家茂去世宣布休战。打不赢战争的武家政权已经失去了存在价值，诸藩由此渐渐离心。

［下关事件］

四国联军
英、美、法、荷

VS

长州藩

同四国联军进行和平谈判

伊藤博文
（长州藩士）

高杉晋作
（长州藩士）

孝明天皇的命令本是攘夷之始。遵照朝廷谕旨的长州，在禁门之变后却沦为公敌。诸藩中对其同情之声不断。

年表

1862 年	高杉晋作奉命前往中国上海。
	作为松下村塾门生，投身尊王攘夷运动。
	高杉晋作、伊藤博文等人火烧英国公馆。
1863 年	伊藤博文、井上馨、远藤谨助、山尾庸三、井上胜五人（之后被称为长州五人帮）受长州藩派遣至英国留学。
	高杉晋作组建奇兵队。
1864 年	伊藤博文和井上馨回国。
	第一次征讨长州。
	下关事件爆发。
	高杉晋作代表长州藩与四国联军进行和平谈判。伊藤博文担任谈判翻译。
1865 年	高杉晋作、伊藤博文同时于功山寺举兵。
	被藩内的攘夷派击败，高杉晋作逃往四国。
1866 年	萨长同盟。
	第二次征讨长州。

［萨长同盟］

长州藩
桂小五郎
（后更名木户孝允）

萨摩藩
西乡隆盛　　大久保利通

中介人

坂本龙马
（土佐藩的脱藩浪士）

中冈慎太郎

经下关事件，痛感攘夷之不可行，转为倒幕。

经萨英战争，向英国靠拢，转为倒幕。

萨长同盟成立

141

（幕末）

大政奉还——不幸的将军德川庆喜

家茂去世后，最后一任将军庆喜上任，但显然为时已晚。孤注一掷的庆喜使出的最后一招便是大政奉还。因此失去讨幕的大义名分的萨长同盟决意政变。

　　家茂去世后，德川庆喜成为第15代将军。然而此时的幕府已是将死之身，即便是庆喜也无力回天。之前长州藩遭受的连环厄运此时又找上了庆喜：坚定的佐幕论者，庆喜的知心人孝明天皇偏在这时去世。他去世的时机实在太过微妙，以致出现了他是被暗杀的传闻。总而言之，庆喜陷入了无所依靠的处境。

　　朝廷方面，年满14岁的少年登基成为明治天皇。他的外祖父是以亲长州派而著称的中山忠能。眼看着下诏讨伐幕府只是时间问题了，庆喜孤注一掷，决意大政奉还，即将统治权上交给朝廷。若幕府本身消亡，那讨幕也就无从说起了。土佐藩进献的这一破釜沉舟之计被庆喜当作救命的稻草。

　　萨长同盟失去了倒幕的大义名分，转而谋划以公家人岩仓具视为核心发动政变。萨摩、尾张、越前、安艺、土佐，举五藩之兵包围了御所，发出了"王政复古"的宣言。幕府与摄政关白等一并废除，新设总裁、议定、参与三职，成立新政府。这一做法在形式上确立了天皇亲政体制，实际上则是由萨摩、长州等实力雄厚的藩国和倒幕派公家组成了新政府。

　　此时德川家依然是日本首屈一指的大名和地主，庆喜仍然保留了参与新政权的可能性。但在以三职为中心召开的小御所会议上，亲庆喜派的意见被否决了，庆喜被判应辞官纳地（辞去官职，上交土地）。即便如此，庆喜还是忍而不发。反倒是萨摩方，盘算落空的西乡隆盛急得直跳脚，开始了挑拨幕臣的破坏活动。

[明治天皇即位]

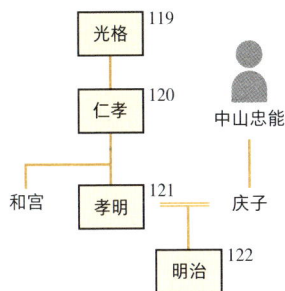

```
光格 —119
  |
仁孝 —120        中山忠能
  |                |
和宫   孝明 —121  庆子
         |_____|
          明治 —122
```

年表

1866 年	7 月 20 日	德川家茂死去。
	12 月 5 日	德川庆喜就任第 15 代将军。
	12 月 25 日	孝明天皇驾崩。
1867 年	8 月 27 日	明治天皇即位。
	10 月 14 日	德川庆喜在京都二条城向朝廷上表"大政奉还"。
	11 月 15 日	坂本龙马和中冈慎太郎被暗杀。
	12 月 9 日	发布王政复古的大号令。小御所会议。
	12 月 23 日	江户城二之丸被烧毁。
	12 月 25 日	受西乡隆盛挑拨，幕府方的庄内藩兵放火焚烧江户的萨摩藩邸。
1868 年	1 月 3 日	鸟羽伏见之战。

[王政复古及新政府建立]

```
      天皇
   _____|_____
  |    |    |
 总裁  议定  参与
```

天皇之下设总裁、议定、参与三职。中断 500 余年的天皇亲政体制复活。

[小御所会议]

小御所会议

明治天皇

总裁	议定	参与
有栖川宫炽仁亲王	中山忠能（公家）	岩仓具视（公家）
	德川庆胜（原尾张藩主）	西乡隆盛（萨摩藩士）
	松平春岳（前福井藩主）	大久保利通（萨摩藩士）
	山内容堂（前土佐藩主）	后藤象二郎（土佐藩士）
	岛津茂久（萨摩藩主）等	等

会上讨论了该如何处置德川家，决定命令德川庆喜辞官纳地。长州藩之所以没参加这个会议，是因为当时正值禁门之变后，长州藩被视为公敌，进不了京城。

（幕末）

戊辰战争——失去名分者的结局

用恐怖手段终于获得借口出兵的新政府军，在鸟羽、伏见、甲府、上野各地接连取胜，继而攻破了奥羽越列藩同盟的铁屏障，最终与旧幕府军决战于箱馆。

负责江户治安的庄内藩为了报复萨摩藩的恐怖活动，吞下了挑衅的诱饵，火烧萨摩藩邸。彼时滞留在大阪城的庆喜随即决意开战。于是，和新政府军间的鸟羽·伏见之战打响了。然而，由于官军高举着天皇御赐的锦旗，旧幕府军在道义上沦为乱臣贼子，士气低沉，最终败走大阪城。

绝不想成为乱臣贼子的庆喜放弃大阪城，逃回江户。不消说，这是弃守城士兵于不顾，但对于骨子里是勤王派的庆喜而言，顶着"乱臣贼子"的罪名继续开战绝无可能。况且，若不是庆喜临阵脱逃，日本或将陷入内战不可自拔，难逃招来列强干涉，沦为殖民地的结局。

新政府军乘胜向江户进发，在途中击败了一支以新选组为主力的旧幕府军，势如破竹，一路向东而去。为避免江户沦为一片火海，山冈铁舟受原幕臣胜海舟所派，前往西乡处交涉。之后，胜海舟和西乡顺利会谈，达成了"江户和平开城"的协议。

不认同江户和平开城的旧幕臣们集结于上野，组成彰义队。虽然搬出了皇族轮王寺宫坐镇，仍不敌官军。此外，因同情沦为乱臣贼子的会津、庄内两藩，东北诸藩也结成了奥羽越列藩同盟与官军开战。但在河井继之助指挥的越后长冈藩败于官军后，列藩接连离开同盟，最终只剩下会津藩孤军奋战。会津藩经历了白虎队的悲剧后，终于缴械投降。列藩同盟就此分崩离析。旧幕臣榎本武扬和新选组残存的土方岁三等人逃到箱馆，也就是今天的北海道，建立了虾夷共和国，在五棱郭迎战官军。然而官军获得了最终的胜利，戊辰战争就此彻底结束。

［戊辰战争］

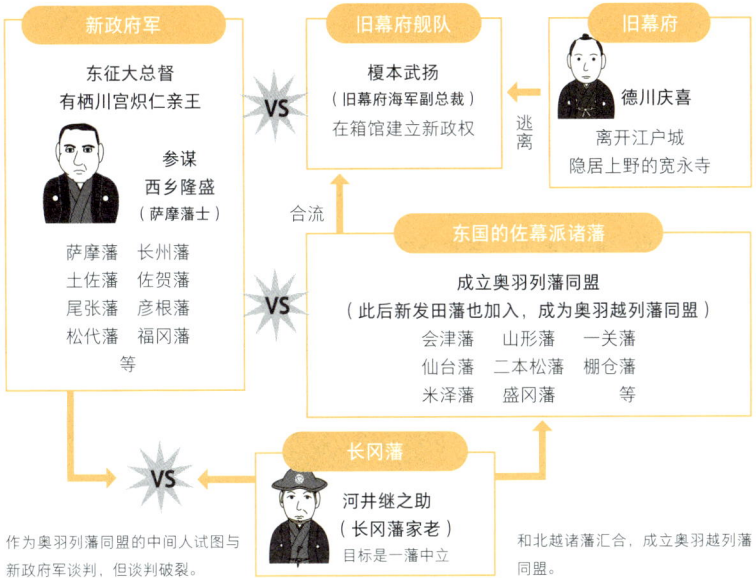

新政府军

东征大总督
有栖川宫炽仁亲王

参谋
西乡隆盛
（萨摩藩士）

萨摩藩	长州藩
土佐藩	佐贺藩
尾张藩	彦根藩
松代藩	福冈藩
等	

VS

旧幕府舰队

榎本武扬
（旧幕府海军副总裁）

在箱馆建立新政权

旧幕府

德川庆喜

离开江户城
隐居上野的宽永寺

逃离

合流

东国的佐幕派诸藩

成立奥羽列藩同盟
（此后新发田藩也加入，成为奥羽越列藩同盟）

会津藩	山形藩	一关藩
仙台藩	二本松藩	棚仓藩
米泽藩	盛冈藩	等

VS

长冈藩

河井继之助
（长冈藩家老）
目标是一藩中立

VS

作为奥羽列藩同盟的中间人试图与
新政府军谈判，但谈判破裂。

和北越诸藩汇合，成立奥羽越列藩
同盟。

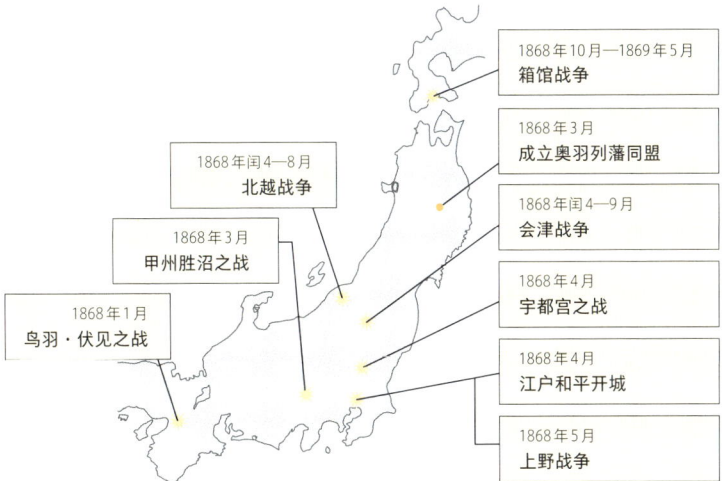

1868年10月—1869年5月
箱馆战争

1868年3月
成立奥羽列藩同盟

1868年闰4—9月
会津战争

1868年闰4—8月
北越战争

1868年4月
宇都宫之战

1868年3月
甲州胜沼之战

1868年4月
江户和平开城

1868年1月
鸟羽·伏见之战

1868年5月
上野战争

（明治时代）

明治政府的体制与人事

明治维新后，明治政府成立。这个"新政府"，实质上依然是倒幕派公家和萨摩、长州、土佐、肥前等实权派挟天子以治天下的日本传统政治产物。

　　明治政府取代江户幕府掌握了日本的政权。其最高领袖，即国家元首是明治天皇。此时的明治天皇还不是那个西洋画师基奥所内（Edoardo Chiossone）的肖像画里冷峻威严的青年，他仅仅是个少年，若放到现在差不多就是个中学生，自然不可能创建出与此前迥然不同的政治体系。实际上，真正负责处理朝政的是那些在倒幕运动中大展身手的功臣，也就是当时藩国和公家中的实权派。虽然明治政府本身的确出自一个全新的政治体制，但在掌权者名不副实这件事上，和此前藤原氏的摄关政治、北条氏的执权政治、幕府的武家政治别无二致。个中原因或可上溯至日本自古以来虚君权威和政治实权并立的传统。此外也证明了即便明治维新成功，日本仍无法改朝换代的无奈。真不愧是世界上历史最悠久的皇室啊。想来只要吸纳移民令人口结构不至于过度失衡，日本皇室就将一直长存下去吧。

　　天皇近臣中，岩仓具视出身下级公家，因为在关键时候正确地站在了萨摩、长州一边而飞黄腾达。其他功臣成为实权派更是顺理成章：三条实美出身名门，大久保利通、西乡隆盛出身萨摩，改名木户孝允的桂小五郎和最后被拜为首任内阁总理大臣的伊藤博文则出自长州。土佐藩的板垣退助、后藤象二郎以及肥前藩的大隈重信等人也都担任了重要职位。被称为"维新三杰"的西乡隆盛、大久保利通和木户孝允三人拥有极大的发言权。

［明治政府的政治结构］

天皇

太政官　　相当于"尚书省"。

左院　　　　　　　　正院　　　　　　　　右院

副议长
江藤新平
（佐贺藩）

左大臣　太政大臣　右大臣

三条实美
（公家）

大藏卿
大久保利通
（萨摩藩）

外务卿
岩仓具视
（公家）

1868年闰4月确立律令制官职体系，同年7月确立了三院政治体制。

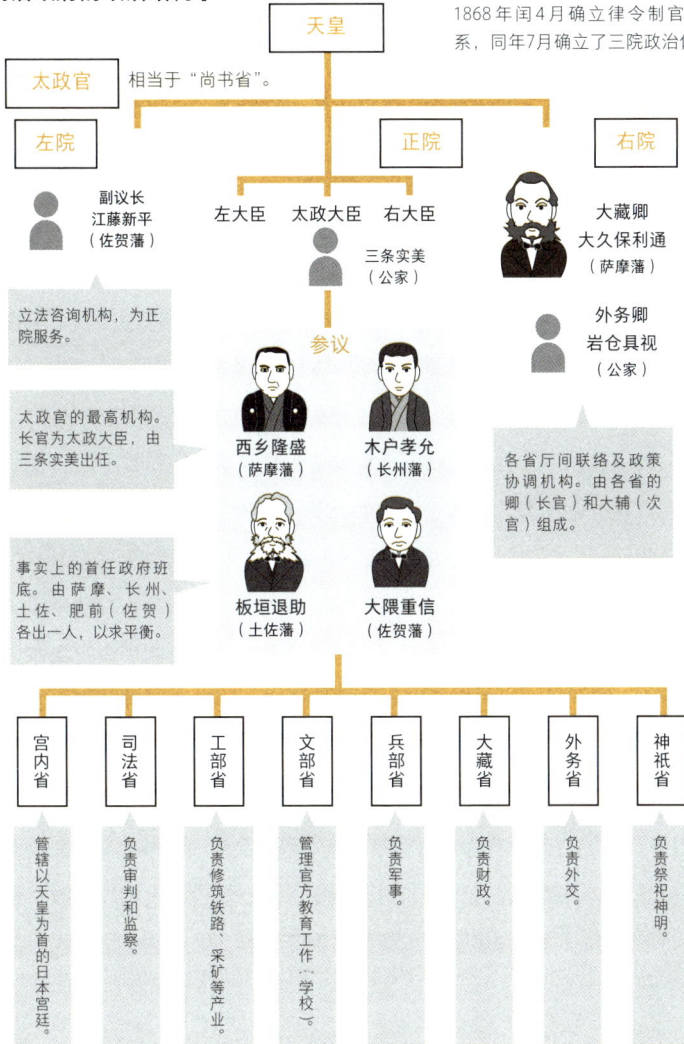

立法咨询机构，为正院服务。

参议

太政官的最高机构。长官为太政大臣，由三条实美出任。

西乡隆盛
（萨摩藩）

木户孝允
（长州藩）

各省厅间联络及政策协调机构。由各省的卿（长官）和大辅（次官）组成。

事实上的首任政府班底。由萨摩、长州、土佐、肥前（佐贺）各出一人，以求平衡。

板垣退助
（土佐藩）

大隈重信
（佐贺藩）

宫内省 | 司法省 | 工部省 | 文部省 | 兵部省 | 大藏省 | 外务省 | 神祇省

管辖以天皇为首的日本宫廷。

负责审判和监察。

负责修筑铁路、采矿等产业。

管理官方教育工作（学校）。

负责军事。

负责财政。

负责外交。

负责祭祀神明。

（明治时代）

中央集权与文明开化

回顾明治时期的改革，真是直击要害又干净利落，令人啧啧称奇。这和日本现代政客们慢慢吞吞、拖泥带水的家传绝活相比，可谓云泥之别。

　　明治政府以欧美为蓝本，进行了诸多改革，但这些改革可不是东施效颦的拙劣模仿，其政治设计青出于蓝而胜于蓝，是彻底的改革。

　　戊辰战争伊始，明治政府即公开发布了《五榜御誓文》，表达对建立全新国家的希望，昭告天下将齐心协力完成日本向近代民主国家的转型。同时向民众发布了《五榜揭示》，《五榜揭示》和《五条御誓文》既像又不像，依然保有浓厚的封建色彩。两者或许正是装模作样和真心话的区别。

　　新政府面临的最大任务是完成中央集权。为了尽早加入欧美列强争夺殖民地的活动，需要确立一个能够支撑强大政府并引万民归心的政治体制。不消说，一个内部分裂的国家是不可能进行对外活动的。戊辰战争中，新政府将江户改称东京，又将年号由庆应改为明治，并且趁天皇行幸东京之际，在江户城中设"皇居"，等于实际上迁了都。戊辰战争结束后，政府又实行了"版籍奉还"，诸大名将领地与人民奉还天皇，设知藩事一职为藩长官，统领藩政。两年之后，又废除"藩"这一行政区划，改为"县"，史称"废藩置县"。县的行政长官为中央派遣的府知事或县令。这样就彻底完成了中央集权，终结了镰仓时代以来的封建制度。这一规模宏大的政治改革是秘密进行的，不过由于许多藩国本就苦于财政艰难，改革的推进倒也未遇到什么抵抗。

［明治新政府的各项改革］

《五条御誓文》

一、广兴会议，万机决于公论。（广开言路，所有政治遵从世情民意。）

二、上下一心，盛展经纶。（统治者与人民团结一致，实行令国家强盛之策。）

三、官武一体，以至庶民，各遂其志，毋使人心倦怠。（公家、武家齐心协力，令包括平民在内的国民都能实现抱负。）

四、破除旧有之陋习，一本天地之公道。

五、求知识于世界，大振皇国之基业。（吸纳世界先进文明成果，巩固天皇统治基础。）

东日本地区德川将军的根基深厚，日本皇室在此地并不拥有绝对的权威，确立都城（东京及京都双都城制）有以此避免日本东西分裂之意。另外，日本天皇从未就定都东京发表过正式声明，直至今日。

年表

1868 年	发布《五条御誓文》。
1869 年	萨摩、长州、土佐、佐贺四藩奉还版籍。原大名改称知藩事。 定都东京。 所有的藩都奉还了版籍。
1871 年	废藩置县。 派遣赴欧使团，岩仓具视为全权大使。
1872 年	发布学制，将学校教育分为大学、中学、小学三阶段。其中小学为义务教育，全体国民都必须接受。
1873 年	改革租税制度（地租改正）。

［废藩置县］

1871 年 7 月

废藩置县后形成3府302县的格局。为强化中央集权，需要县拥有一定的规模，最终整合为3府72县。

1876 年

此后又经过不断的分分合合，1876 年形成3府 35 县加北海道、琉球藩的格局。到了 1888 年，则形成了与现代日本行政区划基本一致的1道3府43县。

（明治时代）

富国强兵与近代化的推进

明治政府打出了"追赶欧美，富国强兵"的大旗，这与文明开化一起，推着日本一口气完成了近代化。

高举着富国强兵的旗帜，为增强国力和军事实力，明治政府实施了许多改革。岩仓具视领衔的遣欧使节团，实际花了约1年半的时间考察了美利坚合众国及欧洲各国，对日本的近代化进程贡献颇多。

留在国内的西乡、板垣等人则致力于发展日本的社会生产，称为"殖产兴业"。政府在群马县创建了富冈制丝厂作为官营模范工厂，日本生丝的生产量和出口量在20世纪初一跃成为世界第一。女工们对此可谓功勋卓著，虽然常被认为是"贫穷务工者"，但"女工们工作虽然辛苦，收入却不错"才是当时的真实情况。事实上，纺织女工这个技术工种是当时许多贫穷农家女都梦想的工作。

为了提高国民教育质量，政府以法国为范本，制定并公布了学制。同时还进行了军事制度改革，以全民皆兵为目标，改藩兵募集制为征兵制。服兵役成为全体国民的义务。

健全的税收和财政制度也是富国强兵不可缺少的一环。为了排除粮食产量和市场的不稳定性，政府决定用现金代替年贡米征税，发行认证土地所有者的地券，实行地租改正，规定每年必须按照地价的3%纳税。政府的本意是为了稳定税收，3%的税率太高了，后来改成了2.5%。

百姓的生活方式也依照欧美模式在向近代化转变。铁路、马车、人力车、煤气灯和颇具时代特色的红砖建筑等正改变着城市的面貌。

［文明开化］

福泽谕吉《劝学篇》

『天不生人上之人，也不生人下之人』《中略》但环顾今日的人间世界，就会看到有贤人又有愚人，有穷人又有富人，有贵人又有贱人，他们之间似乎有天壤之别。这究竟是怎么一回事呢？——商务印书馆1984年版《劝学篇》

"人生来无高低贵贱之分"这句话经常被误解。实际上这段话想说明的是"人虽然生来平等，但学问精进，通晓事物者自然为贵为富；反之则为贫穷者、下等人"。

年表

1868年	发布神佛分离令，随之发生了"废佛毁释"运动。横滨牛锅店开业。
1869年	发明人力车。
1870年	西装、阳伞开始流行。
1871年	设立邮政制度。发布散发脱刀令。
1872年	开通新桥至横滨的铁路。福泽谕吉《劝学篇》付梓。历法改为太阳历（公历）。
1875年	平民也拥有了姓氏。
1876年	规定每周周日为假日。
1883年	鹿鸣馆建成。

［明治初期主要的官营产业］

富冈制丝厂中生产生丝的场景

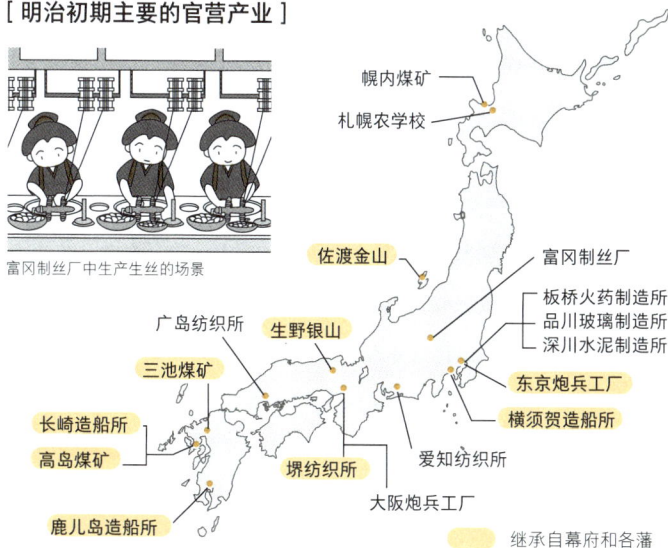

幌内煤矿
札幌农学校
佐渡金山
富冈制丝厂
板桥火药制造所
品川玻璃制造所
深川水泥制造所
广岛纺织所
生野银山
三池煤矿
东京炮兵工厂
横须贺造船所
长崎造船所
高岛煤矿
堺纺织所
爱知纺织所
鹿儿岛造船所
大阪炮兵工厂

继承自幕府和各藩

151

（明治时代）

开拓北海道与琉球问题

打开了通往世界的大门后，摆在明治政府面前的，是想成为近代国家必不可少的领土划界问题。北边的北海道和南边的琉球问题因此被推至前台。

为了将虾夷地开拓为北海道，明治政府设置了北海道开拓使一职。此外，还招募了以东北方士族为主的屯田兵，平时开拓土地，战时则负责国防。在他们手中，北海道开拓事业步步推进。但与此同时，当地原住民族阿伊努人的生活空间则不断受到挤压。

早在1875年，日本就同北方巨大的邻国俄国划定了领土界线。双方缔结了《桦太千岛交换条约》，约定桦太（即库页岛）为俄国领土，千岛群岛为日本领土。

此外，在日本南端，也就是现在的冲绳地区，有个琉球王国。当时，琉球同时向萨摩藩和中国的清朝双方称臣。明治政府在1872年设琉球藩，然而此举并未得到清朝的承认。琉球归属依然未定。

到了1874年，一名宫古岛岛民在台湾被当地的少数民族杀害。这个岛民是在1871年漂流到台湾的。以此为借口，日本出兵台湾。这是近代日本首次出兵海外。与清朝交涉之后，日本成功让对方承认琉球人即日本人，并获得了赔偿。承认琉球人为日本人，与承认琉球属于日本可谓密切相关。在国际社会中，获得这样简单的认定却常是要命的事。

经过此事，明治政府便于1879年向琉球派驻了600余人的军队，并设置了冲绳县。琉球王国灭亡。然而，清朝对此并不认可，事情最终拖到了中日甲午战争时期解决。

［ 和近邻诸国的外交政策 ］

在以欧美列强为中心的国际法
体系中，将国家主权未及之处
的土地编入本国领土是合法的。
所以同邻国之间划定明确的国
界线便非常重要。正因如此，
明治政府把划定领土作为国家
的头等大事来处理。

俄

清

朝鲜

宗谷海峡

千岛群岛

汇华岛

小笠原诸岛

日方的全权代表为伊达宗城。中日两国互
相承认领事裁判权和协定关税。日本虽未
能像欧美列强一样获得最惠国待遇和内地
通商权，但这一条约是日本同外国签订的
第一个平等条约。

日方的全权代表为榎本武扬。因江户幕府
和俄国缔结的《日俄亲善条约》中并未划
定两国国界，导致两国人民杂居的桦太岛
（库页岛）纷争不断。以放弃桦太岛主权为
代价，日本和俄国签约，将国界画在宗谷
海峡、占守岛至洛帕特卡角一线。千岛群
岛的18个岛成为日本领土。

日方的全权代表为黑田清隆和井上馨。日
本强迫朝方签订了不平等条约，规定了日
本单方的领事裁判权，并不承认朝鲜的关
税自主权。

> **年表**
>
> 1871年　缔结《中日修好条规》（日本
> 　　　　称《日清修好条规》）。
> 　　　　漂流到台湾的宫古岛岛民被杀。
> 1872　　明治政府改琉球王国为琉球藩。
> 1874年　出兵台湾。
> 1875年　缔结《桦太千岛交换条约》。
> 　　　　日本和朝鲜在江华岛附近发生
> 　　　　武力冲突（江华岛事件）。
> 1876年　缔结《江华条约》（日本称《日
> 　　　　朝修好条约》）。
> 　　　　明治政府向各国宣告小笠原群
> 　　　　岛属日本国土。
> 1879年　明治政府将琉球藩王尚泰迁往
> 　　　　东京，改琉球藩为冲绳藩。

（明治时代）

征韩论与明治六年政变

亲身体验过欧美先进制度、亲眼见识过西方城市风貌的幸运儿，和那些留在日本只能依靠想象认识欧美列强的人之间，理念的差距渐渐拉大。曾经的盟友最终分道扬镳，割袍断义。

　　岩仓具视率团访欧，亲眼见识了西方先进的文明。在如何认识当前世界局势这一问题上，旅欧使团和留守日本的西乡隆盛、板垣退助等人之间意见不一。这一认识上的鸿沟最终表现为两派围绕对朝鲜政策，即"征韩论"产生分歧。

　　当时朝、日两国处于断交状态。日方要求恢复外交关系，但遭到了朝方拒绝。在朝鲜国内还发生了排挤旅朝日本人的事件。这最先点燃了板垣的怒火。虽然大家对板垣的印象均是"自由民权运动者"或"和平主义者"，但其实他在戊辰战争中也属强硬派。出人意料的是，阻止板垣爆发的人竟是西乡。西乡提议由他单独出使朝鲜斡旋此事，倘若自己发生不测，便可以此为借口征讨朝鲜。这一主张背后还有救济士族的意思。

　　最初，西乡的意见并未得到众人的肯定，但最终大家被他的热情打动，决定派遣西乡出使李氏朝鲜。然而，前面说到的旅欧使团回国后，西乡的计划遭到了以他曾经的盟友大久保利通为首的旅欧派的强烈反对，只好不了了之。

　　世间均传说，就因为"征韩"一事上的别扭，西乡、板垣、江藤新平和副岛种臣向政府提交了辞呈，就此下野。西乡下野的冲击过后，大久保利通成了明治政府的核心人物。这便是明治六年政变。而下野后的西乡、板垣等人则分别以各自的方法向政府发声。

［明治六年政变］

什么是"征韩论"？

当时，朝鲜秉持锁国政策，拒绝打开国门。日本国内出现要求凭武力恢复日朝邦交的主张。这一政策也是为了转移日渐高涨的国内士族的不满，因此也有"救济士族"的意思。

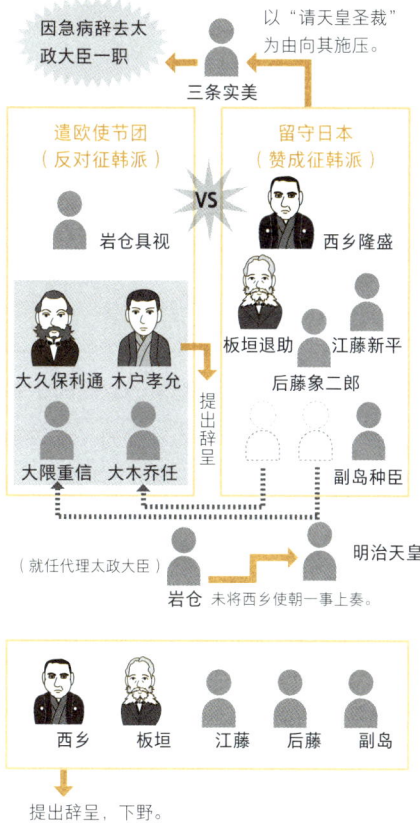

因急病辞去太政大臣一职

以"请天皇圣裁"为由向其施压。

三条实美

遣欧使节团（反对征韩派） VS 留守日本（赞成征韩派）

岩仓具视　西乡隆盛

大久保利通　木户孝允　板垣退助　江藤新平　后藤象二郎

大隈重信　大木乔任　副岛种臣

提出辞呈

（就任代理太政大臣）岩仓　未将西乡使朝一事上奏。　明治天皇

西乡　板垣　江藤　后藤　副岛

提出辞呈，下野。

年表

1873年 1月 发布征兵令。

6月 征韩论高涨。

8月 初步决定派遣西乡隆盛出使朝鲜，但明治天皇指示应等岩仓具视使团回国后再做打算。

9月 岩仓具视使团回国。岩仓具视、大久保利通等人以"内政优先"为由反对征韩论。

10月 反对派成功从赞成派阵营争取到了大隈重信和大木乔任的支持。内阁再次讨论并决定派遣西乡出使朝鲜。反对派四位参议（大久保、木户孝允、大隈、大木）为表抗议，提出辞呈。太政大臣三条实美突发疾病辞职。岩仓代理太政大臣一职。岩仓上奏明治天皇，称"西乡使朝毫无意义"，反对先前的内阁决议。西乡、板垣退助、后藤象二郎、江藤新平和副岛种臣五位参议提交辞呈。

11月 新设内阁省，大久保利通就任内务卿，全权掌控政府。

1876年 3月 发布废刀令。

8月 取消华族和士族的俸禄（秩禄处分），士族不满情绪高涨。

155

（明治时代）

民选议院设立建白书与愤怒士族的叛乱

板垣和西乡在政治纷争中落败，被迫下野。此后，板垣执笔，西乡从戎，挺身反抗新政府。然而最终板垣被招安，西乡在家乡被迫自刎。

离开了政府的板垣退助建立了政治结社爱国公党。他和与其联袂下野的后藤象二郎、副岛种臣和江藤新平等人一同起草了《民选议院设立建白书》，对藩阀政府进行了批判。此后，板垣又进一步在家乡高知成立了立志社，接着又成立了全国性政党爱国社，发起了反政府运动。然而，伊藤博文等人对板垣采取怀柔之策，恢复了他参议员的身份，反政府运动随之急速消亡。伊藤等人的策略奏效了。

另外，江藤新平在故乡佐贺，集结对政府不满的士族发起武装叛乱。叛乱被镇压后，江藤被处决。

讽刺的是，就在江藤叛乱被镇压之前不久，内阁决定出兵台湾。江藤被处决后，政府军便开拔赴台。此外，江华岛附近的日军也以受到朝方炮击为借口，发起了进攻，占领了江华岛，缔结了对日本有利的《江华条约》，用武力打开了朝鲜国门。从征韩论反对者最终以武力征服朝鲜这一前因后果来看，若当年征韩派肯等上一等，结局又会如何呢？

1876年发布了废刀令。士族的不满随之达到顶点，接连发生熊本的神风连之乱、福冈的秋月之乱、萩的萩之乱等多起叛乱。但这些都被迅速地镇压下去了。次年，鹿儿岛上景仰西乡隆盛的士族们发起了日本史上的最后一次叛乱——西南战争。虽然叛军主体是幕末时号称"无敌"的萨摩军（西乡军），却最终败于政府靠征兵令聚集起来的乌合之众手里。西乡虽在一开始反对举兵起义，无奈阻拦无效，最终兵败而死。西乡的结局令人想起幕末时他所追随的最后一任将军庆喜。因果循环，令人感慨。

[板垣退助等人的政治结社]

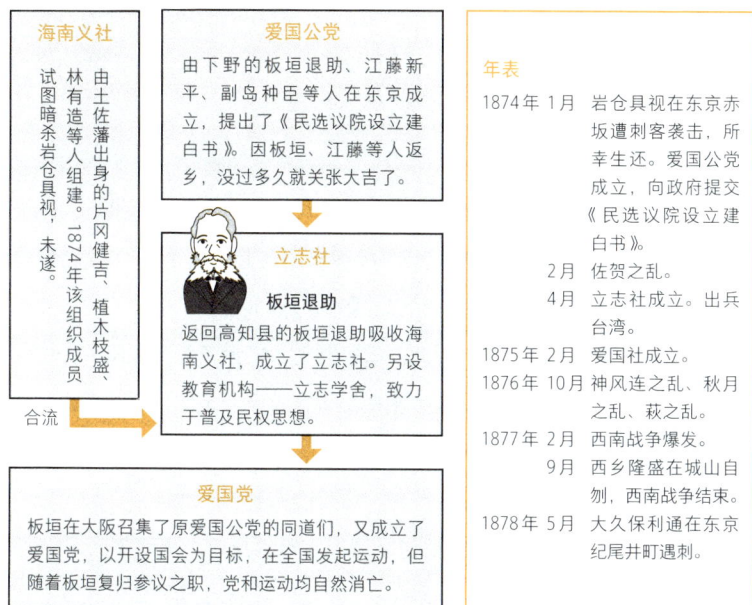

海南义社

由土佐藩出身的片冈健吉、植木枝盛、林有造等人组建。1874年该组织成员试图暗杀岩仓具视，未遂。

爱国公党

由下野的板垣退助、江藤新平、副岛种臣等人在东京成立，提出了《民选议院设立建白书》。因板垣、江藤等人返乡，没过多久就关张大吉了。

立志社

板垣退助

返回高知县的板垣退助吸收海南义社，成立了立志社。另设教育机构——立志学舍，致力于普及民权思想。

合流

爱国党

板垣在大阪召集了原爱国公党的同道们，又成立了爱国党，以开设国会为目标，在全国发起运动，但随着板垣复归参议之职，党和运动均自然消亡。

年表

1874年 1月 岩仓具视在东京赤坂遭刺客袭击，所幸生还。爱国公党成立，向政府提交《民选议院设立建白书》。

2月 佐贺之乱。

4月 立志社成立。出兵台湾。

1875年 2月 爱国社成立。

1876年 10月 神风连之乱、秋月之乱、萩之乱。

1877年 2月 西南战争爆发。

9月 西乡隆盛在城山自刎，西南战争结束。

1878年 5月 大久保利通在东京纪尾井町遇刺。

[愤怒士族的叛乱]

神风连之乱

1876年10月，心怀不满的士族自称"敬神党"，袭击了熊本县厅所在的熊本镇台。

秋月之乱

1876年10月，为呼应神风连之乱，原秋月藩士群起叛乱。

萩之乱

1876年10月，原长州藩士、出身吉田松阴的松下村塾的原参议前原一诚举兵造反，占领了萩一带。

佐贺之乱

1874年2月，江藤新平率领的士族叛乱，被佐贺县厅镇压。江藤被斩首。

西南战争

1877年2月至9月，以旧萨摩藩士为主体，对政府不满的九州士族约3万人，立西乡隆盛为盟主，举兵反叛。在政府军与西乡军的死伤均超过了6000人之后，西乡自尽，叛乱结束。

（明治时代）

自由民权运动和开设国会的气氛高涨

西南战争后，西乡兵败身死。此后，反政府运动便主要在纸上进行了。不过，对过激派感到棘手的板垣，对运动颇为谨慎。

西乡死后不久，大久保利通也在东京纪尾井坂遇刺。伊藤博文、井上馨、大隈重信等人成为政府的核心。板垣退助在1880年组织了国会期成同盟，要求开设国会、制定宪法。受此影响，日本各地私下草拟宪法并要求参与政治的声音高涨起来。为此，政府制定了集会条例，来压制自由民权运动。此时，又发生了北海道开拓使出售官有产业事件（遭到自由民权派攻击）。因对自由民权运动的意见不同，伊藤将大隈逐出政府。这便是明治十四年政变。

不过，民间对开设国会的期望之高实在难以压制。天皇发布了开设国会的敕令，约定于10年后开设国会。于是，板垣组建了法国式激进自由主义的自由党，大隈则组建了英国式稳健君主立宪制的立宪改进党，分头准备。宣扬"主权在民"的自由党在全国扩张组织，渗透进地主、士族乃至贫农之中。然而，狂热激进势力在各地反抗县令之事时有发生，其中最极端的要数1884年的秩父事件。当时，政府为了筹措西南战争的军费，乱发纸币引起了通货膨胀。为了抑制通货膨胀，大藏卿松方正义实施了"松方紧缩"，生丝价格应声下挫，秩父地区的农民受到了打击。农民们便在自由党员的怂恿下结成了秩父困民党，举兵叛乱，但遭到政府镇压。板垣本人并不认同激进派的行动，于是解散了自由党。政府也通过创设内阁，将大隈招安；又制定了保安条例，终结了反政府运动此起彼伏的局面。

［自由民权运动的扩大］

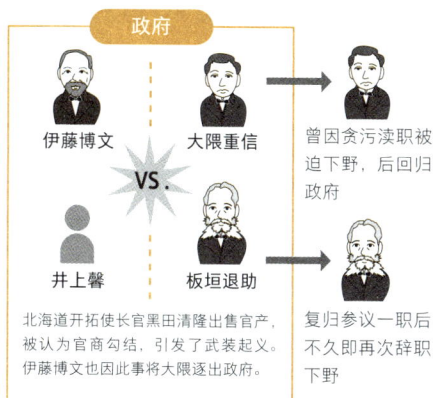

离开了政府的板垣等人批判藩阀政治。

↓

自由民权运动得到了地主与富农的支持而开展起来，要求开设国会。

↓

政府针锋相对地祭出集会条例。地主、富农离开运动队伍。贫苦的农民与自由党员携手，在各地掀起武装斗争的狂澜。

政府

伊藤博文　大隈重信

VS.

井上馨　板垣退助

北海道开拓使长官黑田清隆出售官产，被认为官商勾结，引发了武装起义。伊藤博文也因此事将大隈逐出政府。

曾因贪污渎职被迫下野，后回归政府

复归参议一职后不久即再次辞职下野

［自由党发起的反政府起义］

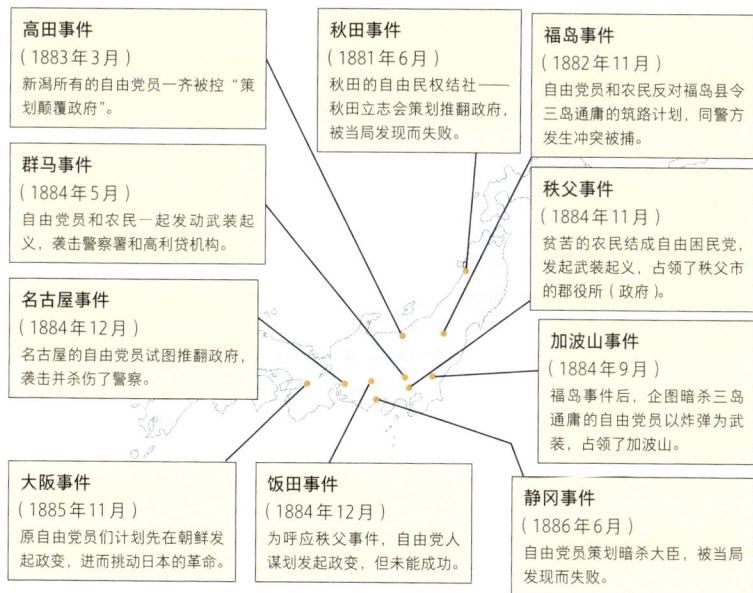

高田事件
（1883年3月）
新潟所有的自由党员一齐被控"策划颠覆政府"。

群马事件
（1884年5月）
自由党员和农民一起发动武装起义，袭击警察署和高利贷机构。

名古屋事件
（1884年12月）
名古屋的自由党员试图推翻政府，袭击并杀伤了警察。

大阪事件
（1885年11月）
原自由党员们计划先在朝鲜发起政变，进而挑动日本的革命。

秋田事件
（1881年6月）
秋田的自由民权结社——秋田立志会策划推翻政府，被当局发现而失败。

饭田事件
（1884年12月）
为呼应秩父事件，自由党人谋划发起政变，但未能成功。

福岛事件
（1882年11月）
自由党员和农民反对福岛县令三岛通庸的筑路计划，同警方发生冲突被捕。

秩父事件
（1884年11月）
贫苦的农民结成自由困民党，发起武装起义，占领了秩父市的郡役所（政府）。

加波山事件
（1884年9月）
福岛事件后，企图暗杀三岛通庸的自由党员以炸弹为武装，占领了加波山。

静冈事件
（1886年6月）
自由党员策划暗杀大臣，被当局发现而失败。

（明治时代）

内阁制度和《大日本帝国宪法》

伊藤博文曾仔细研究过欧洲的宪法，他主导编写了《大日本帝国宪法》，为此还先行创设了内阁制度。日本经此成为拥有成文宪法的近代国家。

为了制定宪法，伊藤博文远赴欧洲。在仔细比较了各国宪法之后，日本最终决定以君主权力较强的普鲁士宪法为蓝本，井上毅等人受命起草宪法。1885 年，内阁制度先于宪法及国会被敲定。伊藤就任首任内阁总理大臣。

1889 年，《大日本帝国宪法》颁布。这是除土耳其之外，亚洲的首部近代宪法。宪法规定主权在天皇，但又规定天皇的政治行为必须有内阁的辅佐，从而令内阁可利用天皇名义及权威行事。这也成了之后一次未遂政变的原因。天皇是陆海军的最高统帅。日本国民同时也是天皇的臣民，在法律范围内享有自由和人权。"二战"之前的日本虽然给人"毫无人权"的印象，但这其实是个误解。当时的日本宪法，可以说是毫不逊色于同时代列强的近代宪法了。

次年，举行了第一次众议院总选举。国会方面，采用了贵族院和众议院的两院制。贵族院由皇族、华族和敕选议员构成，众议院议员则由选举产生。通过选举产生议员，在日本史上堪称划时代的大事。当时拥有选举权的仅为年满25周岁、直接缴纳15日元以上国税的成年男性，不超过当时总人口的1.1%。由于在首次选举中，反政府派议员超过半数，于是政府废弃了这一结果，同时干涉了第二次选举。尽管是以这样虎头蛇尾的形式，但宪法、国会和国民选出的议院——成为近代国家所必须的条件总算是勉强凑齐了。

［内阁制度的创设］

1885 年，日本史上的首任内阁——第一次伊藤内阁登上了历史舞台。但以长州和萨摩为主的藩阀出身者占据政府高层过半职位的局面，未有任何改观。

海军大臣	陆军大臣	通信大臣	农商务大臣	文部大臣	司法大臣	大藏大臣	外务大臣	内务大臣	总理大臣	职务
西乡从道	大山岩	榎本武扬	谷干城	森有礼	山田显义	松方正义	井上馨	山县有朋	伊藤博文	名字
萨摩	萨摩	幕臣	土佐	萨摩	长州	萨摩	长州	长州	长州	出身

［《大日本帝国宪法》的特征］

辅弼制度	**自由须在法律范围内**	**陆海军大臣现役武官制**
国务大臣通过辅弼（谏言）辅助天皇执政，对天皇负责。	国民在法律范围内享有言论、著作、集会、结社的自由。	陆海军大臣须由现役武官出任。这一条与第二次世界大战前军部的恣意妄为有关。

［总选举的实施］

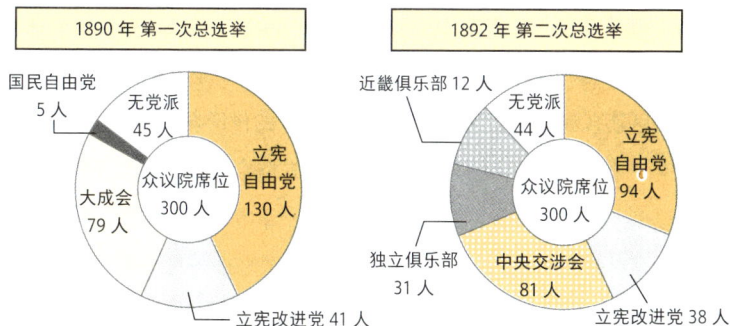

1890 年 第一次总选举

国民自由党 5 人
无党派 45 人
大成会 79 人
众议院席位 300 人
立宪自由党 130 人
立宪改进党 41 人

1892 年 第二次总选举

近畿俱乐部 12 人
无党派 44 人
独立俱乐部 31 人
众议院席位 300 人
立宪自由党 94 人
中央交涉会 81 人
立宪改进党 38 人

拥有选举权者，限定为年满25周岁、直接缴纳国税15日元以上的成年男性，不超过全国总人口的1%。第一次总选举中，民权派政党（民党）过半数，直接击败了政府系政党（吏党）。第二次选举中，民党也成功斩获了4成以上的议席。

（明治时代）

陆奥宗光与领事裁判权的废除

对完成了国家体制近代化的明治时代的日本而言，下一项工作便是收拾江户幕府留下的负债——不平等条约。陆奥宗光通过他出色的外交手腕，巧妙地完成了这一使命。

在国家形态上实现了近代化的日本，下一个目标就是修正幕府缔结的不平等条约了。在此之前，在外国设计师孔德尔（Josiah Conder）设计的鹿鸣馆里，井上馨等人举办了各式沙龙舞会并广邀各国使节参加，被称为"鹿鸣馆外交"。但这些努力并未达到修改条约的效果。

1886年，发生了"诺曼顿号事件"。英国船只"诺曼顿号"在纪州大岛触礁沉没，船上白人全部获救，日本乘客则全部溺亡。日方试图就此追责船长，但碍于条约规定，无法对他们进行审判，船长等船务人员最终被从轻发落。该事件令废除治外法权变得愈加紧迫。

时任外务大臣的陆奥宗光，利用英国担忧沙俄南下的心理，成功缔结了《英日通商航海条约》，废除了英国的领事裁判权。作为当时的国际领袖，英国率先回应了日本的请求，这一举动对于废除在日治外法权的影响不容小觑。此后，其他曾与日本签订过不平等条约的国家，也陆续废除在日领事裁判权。这便是外交本应发挥的作用啊。

反过来再看看如今的日本，作为一个在联合国缴纳的会费排名世界第二的经济大国，却负有不少几乎可以说是不平等条约的东西。比如说和美国间的《美日地位协定》，再比如竟然还有国家未与日本缔结"罪犯引渡协定"等。现代日本须从明治外交中学习的东西依然很多。

[条约修正的过程]

时间	外务大臣	概要
1871—1873年	岩仓具视	率岩仓使节团访美时曾打算与美方交涉，无奈被拒。
1873—1879年	寺岛宗则	美国答应与其谈判"回复关税自主权"问题，但遭到英国和德国反对，以失败告终。
1879—1887年	井上馨	开始鹿鸣馆外交。开出"任用外籍审判员换废除领事裁判权"的条件。这一外交上的大让步，以及其后发生的"诺曼顿号事件"招致日本国内强烈反对，以失败告终。
1888—1889年	大隈重信	试图"以任用外籍大审判院审判员换废除领事裁判权"，招致日本国内舆论不满。大隈本人遭到炸弹袭击。
1889—1891年	青木周藏	英国同意废除在日领事裁判权，但两国谈判因发生暗杀俄国皇太子未遂一案（大津事件）而中止。
1892—1896年	陆奥宗光	和英国缔结《英日通商航海条约》，成功废除英在日领事裁判权，关税自主权也得到部分恢复。和列强都签订了类似的条约。
1908—1911年	小村寿太郎	日俄战争后，美日签订了《美日通商航海条约》，日本完全恢复了关税自主权。日本与列强均签订了类似的条约。

[当前日本与各国间的不平等关系]

美日地位协定

在日本犯罪的美军人等，须经美方检察部门调查起诉后，方决定是否将其引渡给日本。仅凭日方调查是无法决定的。

罪犯引渡协定

截至2016年，同日本缔结引渡协定的国家仅有美国和韩国。在大量外国人流入并长期居留日本的今天，这成为日本司法体系难以应对的漏洞。

环太平洋战略经济合作协定（TPP）

尽管撤销关税、推进贸易自由化有利于日本产品的出口，但诸如"日本将面临来自美国的廉价农产品的倾销问题"的批评之声也不绝于耳。

（明治时代）

中日甲午战争——近代化和外交带来的奇迹

清朝统治下的中国，是被称为"沉睡雄狮"的超级大国。对于明治时期的日本而言，将此类庞然大物作为对外战争的第一个真正意义上的对手，未免过于强大。然而，最后竟是日本将胜利收入囊中。

在陆奥宗光成功废除英国在日领事裁判权的1894年，朝鲜爆发了东学党起义。这是一次宗教势力牵头的农民武装起义，被称为"甲午农民战争"。为了镇压起义，朝鲜政府向清朝求援，清朝应邀出兵。日方则敏锐地意识到平叛后的清军可能借维持治安之名留在朝鲜，危及日本的国防安全。从国防的角度出发，日本便以保护在朝日本公使馆为由，也派兵入朝。

其后，平叛后清军与日军都按兵不动。围绕在朝的利益，中日两国爆发了武装冲突并发展为中日甲午战争。

丰岛冲的海战打响了战争的第一炮。日方不久即攻占平壤，又在黄海海战中击败了清朝引以为傲的北洋水师。占领了朝鲜之后，日军挥师进入辽东半岛，接连侵占了旅顺、大连、威海卫。

列强并未预料到大清竟不是日本的对手，并不欢迎日本就此在大陆扩展势力圈。察觉到这一点的日本决定见好就收，在美国的斡旋下参加了下关谈判。日方的全权大使是伊藤博文和陆奥宗光，清政府则是李鸿章和李经芳。谈判的结果是签订了《马关条约》，清朝承认朝鲜独立，并将辽东半岛、台湾岛及其附属岛屿、澎湖列岛割让给日本，同时向日本支付巨额赔款。

[中日甲午战争]

黄海海战
（1894年9月）
日本联合舰队重创清朝海军，掌握了黄海的制海权。

平壤之战
（1894年9月）
日军击败在平壤集结的清军，将清军赶出朝鲜半岛。

成欢之战
（1894年7月）
日本陆军击退清军的夜袭，占领牙山。

丰岛冲海战
（1894年7月）
日本海军击沉清军的两艘军舰。

占领威海卫
（1895年2月）
日军袭击清朝的海军基地威海卫，给清朝舰队予毁灭性打击。

占领旅顺
（1894年11月）
入侵清朝领土的日军向战略要地旅顺发起总攻，拿下旅顺。

占领台湾
（1895年5—11月）
缔结《马关条约》后，台湾人民起兵反抗日本的统治，遭到日本的武力镇压。

清　奉天　朝鲜　大连　旅顺　平壤　威海府　汉城　牙山　釜山　广岛　下关　日本　台北

年表

1884年 朝鲜改革派金玉均在日本的援助下发起起义，失败（甲申事变）。

1885年 甲申事变后，作为事后处置，中日两国签订了《天津会议专条》（日本称《天津条约》）。朝鲜被纳入清朝势力范围。

1894年 朝鲜爆发东学党起义（甲午农民战争）。中日两国为镇压此次农民起义分别派兵入朝。日军占领朝鲜王宫，扶植亲日政权。中日甲午战争爆发。

1895年 清朝的全权大使李鸿章来日。讲和会议开始，缔结《马关条约》。中日甲午战争结束。

《马关条约》

第1条：清认明朝鲜国确为完全无缺之独立自主国。

第2、3条：清将辽东半岛、台湾岛及其附属岛屿、澎湖列岛的主权及该地所有堡垒、军器、工厂及一切属公物件，让与日本。

第4条：清支付战争赔款白银2亿两给日本。

第6条：清对日开放沙市、重庆、苏州、杭州。此外，给予日本最惠国待遇。

（明治时代）

三国干涉和将俄国假想敌化

日本战胜清朝这样的庞然大物，实属出乎意料。然而，不能就此认为列强会对日本的跃进袖手旁观。

　　日本战胜了清朝这个亚洲最大的国家，欧美列强却并不乐见此事。特别是在欧洲南下失败的俄国，急于从亚洲弥补，无论如何都必须逼停日本进入大陆的势头。《马关条约》签订后不出5日，俄国便联合法国、德国，向日本提出将辽东半岛归还清朝的劝告。虽然从国际法和道义上日本都不愿意理会这一要求，但若不假思索地拒绝，就可能面临同三国开战的局面。当时的日本对此可谓力有不逮，于是，日本接受了这一要求。

　　1899年，义和团运动打出"扶清灭洋"的旗号，发起了驱逐洋人的武装起义。大清的最高权力掌握者慈禧太后最初希望扑灭这一运动，但后来又转为积极扶植，并向列强宣战。然而最终实力相差过大，败于列强之手，不得不签署《北京条约》。此时，俄国已趁乱将中国东北地区置于其实际控制之下，后又因日本及英美抗议而将军队撤出。1901年，日本用甲午战争的赔款创设了八幡制铁所。为了夯实国家的基础，日本开始经营本国的重（化）工业。针对俄国的备战就这样紧锣密鼓地开始了。

［列强瓜分清朝］

俄国

俄国势力范围

清政府

英国势力范围

法国势力范围

法属印度支那

朝鲜

德国势
力范围

日本

日本势力范围

年表

1895 年 三国干涉（还辽）。

1898 年 俄国租借旅顺、大连，并获得东清铁路的修筑权。日俄两国间签订协定，互相承认日本在朝鲜的优先权利及俄国对旅顺、大连的租借权。

1900 年 义和团运动爆发。俄国占领中国东北地区。

1902 年 日英同盟缔结。

1904 年 日军炮击停泊在旅顺港外的俄国军舰，对俄宣战。日俄战争开始。

1905 年 在美国总统西奥多·罗斯福的调停下，日俄两国签订《朴茨茅斯条约》。日俄战争结束。

［俄国的南下政策］

土埃战争（1831年、1839年）：两次土埃战争，俄国均支持奥斯曼帝国。作为回报，俄国舰队一度获得了达达尼尔海峡和博斯普鲁斯海峡的专有航行权。这一垄断地位最终被英国外交击破。

克里米亚战争（1853—1856年）：俄国与奥斯曼帝国交手，由于英、法均站在奥斯曼帝国一侧，俄国战败。巴黎和会决定将黑海中立化。俄国丧失了进出黑海的权利。

俄土战争（1877—1878年）：俄国再战奥斯曼帝国，目的是获得俄国舰队在黑海的自由航行权，迫使奥斯曼帝国承认保加利亚独立。但战争后和谈的柏林会议决定削减大保加利亚领地，其独立地位也必须在奥斯曼帝国的版图内进行。俄国的计划再次失败。

符拉迪沃斯托克（海参崴）

《**北京条约**》（1860年）：俄国从清朝手中夺得沿海地区，在南部设立符拉迪沃斯托克港（海参崴）。

俄国辽阔的国土之外强敌环伺，因此获得不冻港变得十分重要。但列强的干涉使得俄在欧洲的行动屡遭失败。不得已之下，俄国转向亚洲，成功夺得符拉迪沃斯托克港，其南下东亚的计划由此展开。

（明治时代）

日俄战争——外交和战略眼光的胜利

明治、大正年间的对外战争与昭和时代战争的主要不同，是战争拥有明确的目的性，以及需较量外交手腕的高低。战后复兴时期和泡沫时期之后也能发现类似的差异。

　　1902年，因认识到围绕中国东北地区，日俄两国间必有一战，日本达成了一项外交举措，那便是同历来秉持光荣孤立政策的英国结为同盟。这一枚勋章无疑应挂在日本驻英公使林董和外相小村寿太郎胸前。林董原是幕臣，且曾作为乱臣贼子被逮捕过。小村则出身贫寒，自幼苦学。两人均克服了重重苦难，获得陆奥宗光赏识而出人头地，和今天连公职都俨然渐渐世袭化的日本形成了鲜明的对比。同盟条约规定，若日英两国中一方同他国开战，则另一方保持中立；若日英两国中一方同两个国家以上的他国开战，则另一方必须协同参战。此后，日本在第一次世界大战中挟此规定为自己侵略扩张的野心服务。

　　1904年，日俄战争爆发。虽然在攻城时花了一些时间，但日军最后还是成功拿下了旅顺城，并在对马海战（日本称"日本海海战"）中击败了俄国号称"世界最强"的波罗的海舰队。尤其值得称道的是，日本并未幻想能完全打垮地大物博的俄国，在战前就清醒地制定了见好就收、顺势谈判的方针。这同丝毫没有考虑补给困难、盲目扩大战争规模最终导致失败的昭和战争，简直是云泥之别。最后，日俄两国在当时的美国总统西奥多·罗斯福的斡旋下，在美国朴茨茅斯签订了和约。和约规定，日本取得在朝鲜的独占优先权，并将南桦太和部分"南满铁路"收入囊中。可是，日本国民依然认为战争得来的好处太少了，竟将全权代表小村骂为"卖国贼"，还发生了日比谷打砸烧抢事件。

［日英同盟］

第一次日英同盟

缔约国一方与第三国发生交战行为时，同盟国应恪守中立，并防范其他国家参战。若缔约国一方与两个以上的国家发生交战行为时，缔约双方应协同作战。

19世纪的英国正值国势鼎盛期，没有同任何欧洲列强结盟。这种外交政策被称为"光荣孤立"。日英结盟宣告此种孤立的终结。

［日俄战争］

奉天会战（1905年3月）
日俄战争中规模最大的陆上战争。日军占领了奉天，但遭到俄军追击。战局十分胶着。

辽阳会战（1904年8—9月）
日俄两国的陆军主力发生激烈交火。日军虽然获胜，但并未如计划歼灭俄军主力。

对马海战（1905年5月）
东乡平八郎率领联合舰队，击败了当时号称"世界最强"的俄军波罗的海舰队。

旅顺攻防战
（1904年2月—1905年1月）
乃木希典的第三军没能成功从正面突破旅顺要塞，转为攻打203高地并成功夺取。从此处居高临下开炮消灭了旅顺港内的俄军舰队。

俄罗斯　清　会宁　奉天　辽阳　旅顺　大连　元山　平壤　大韩　汉城　镇海　日本

→ 波罗的海舰队行进线
→ 日军行进路线

《朴茨茅斯条约》

第2条：
俄国承认日本在朝鲜半岛上享有优先权。

第5条：
俄国将关东州（包括旅顺、大连在内的辽东半岛南部）的租借权转让给日本。

第6条：
俄国将东清铁路（西伯利亚大铁路东段）中的旅顺-长春支线，即"南满铁路"及沿线附属地煤炭的租借权让于日本。

第9条：
俄国将北纬50度以南的桦太岛（库页岛）永久割让给日本。

一个小小的亚洲国家——日本，击败了俄国这样的庞然大物，国际舆论一时为之轰动。但打赢了却没能获得战争赔偿，招来了日本国民的不满。

（明治—大正时代）

变化的东亚——吞并大韩帝国和辛亥革命

除了日本，一直被列强玩弄于掌心的东亚地区，终于也出现了变革的征兆。在朝鲜半岛、在中国，新变化正暗中酝酿、涌动。

　　朝鲜半岛上的王朝，长久以来深受中国影响。然而，此时的清朝行将就木，想在其保护伞下继续保持和平已不现实。因中日间在甲午战争后缔结的《马关条约》，朝鲜获得独立，但独立又意味着必须直面被列强侵略瓜分的危险。对朝鲜而言，大国的庇护必不可少。彼时，朝鲜已将国号改为"大韩帝国"。围绕着到底应该依靠俄国还是日本，韩国国内爆发了激烈的争论。结果，日本在日俄战争中稍一占据优势，日韩间便立刻缔结了《第一次日韩协约》，规定大韩帝国将从日本雇用财务顾问和外交顾问。日俄战争结束的次年，日韩又签订了《第二次日韩协约》（即《乙巳条约》）。根据协议，日本在韩国设统监府；韩国事实上沦为了日本的被保护国。之后在1910年，大韩帝国首相李完用和日本的韩国统监寺内正毅在《日韩合并条约》上签字。大韩帝国皇帝将统治权拱手让于日本天皇，韩国被日本吞并。

　　中国方面，此时崛起的是在日本东京组建了中国革命同盟会的孙文。亚洲第一个共和国——中华民国宣布成立，孙文就任临时大总统，同时要求宣统帝退位。这就是辛亥革命。清朝派出了袁世凯处置此事，不料遭袁氏背叛，最终覆灭。凭借推翻清朝的功绩和手中攥着的军队，袁世凯成为新生的中华民国的大总统。他后来又一度短暂地恢复帝制，这给中华民国这艘正待出海的大船蒙上了阴影。

［大韩帝国和中华民国］

朝鲜	清朝
朝鲜将国号改为"大韩帝国"	中日甲午战争后，孙文在广州发动武装起义，失败。流亡日本。
缔结《第一次日韩协约》，成为日本的被保护国。缔结《第二次日韩协约》，设韩国统监府，外交权落入日本手中。	为了革命，孙文奔走于世界各国，后再次来到日本，组建了中国同盟会。
海牙密使事件。韩国皇帝被迫退位，日本掌握韩国内政权。	同盟会成员发起辛亥革命。
缔结《日韩合并条约》，朝鲜半岛成为日本领土。	清朝灭亡。曾为清朝统治核心人物之一的袁世凯就任大总统。

［吞并韩国时的日本领土］

库页岛（南部）

千岛群岛

大韩帝国

日本

年表

1897年
朝鲜将国号改为"大韩帝国"。

1904年
《第一次日韩协约》。

1905年
《第二次日韩协约》。

1907年
韩国派遣密使前往参加在荷兰海牙召开的和会，但被拒绝与会（海牙密使事件）。《第三次日韩协约》。

1909年
伊藤博文在哈尔滨被暗杀。

1910年
吞并韩国。

1911年
辛亥革命爆发。

1912年
中华民国成立。

近代

两次世界大战

明治时代	1910年 发生大逆事件	178
	1911年 日本恢复关税自主权	178
大正时代	1912年 明治天皇驾崩，大正天皇即位	178
	1914年 第一次世界大战爆发	174
	1915年 提出对华"二十一条"	174
	1917年 俄国爆发革命，苏维埃政权确立	176
	1918年 第一次世界大战结束，日本发生骚动	176
	该年前后正是大正民主运动勃兴的时代	178
	1919年 缔结《维也纳条约》	176
	1920年 加入国联，成为常任理事国	176
	1921年 华盛顿（裁军）会议召开	182
	1923年 关东大地震	180
	1924年 护宪三派内阁成立	180
	1925年 颁布《普通选举法》、《治安维持法》	180
昭和时代	1929年 世界陷入大萧条，恐慌情绪泛滥	182
	1930年 伦敦海军会议召开，签订《伦敦海军条约》	182
	1931年 九一八事变	184
	1932年 发生血盟团事件，团琢磨被刺杀	182
	发生五一五事件，犬养毅首相被刺杀	184
	1933年 日本退出国联	184
	1935年 美浓部达吉的"天皇机关说"引起争议	186
	1936年 二二六事件	186
	1938年 卢沟桥事件爆发	188
	1938年 颁布《国家总动员法》	190
	1940年 日、德、意三国结为军事同盟	190
	1941年 日军袭击珍珠港，太平洋战争爆发	192
	1942年 中途岛海战，日军大败	194
	1943年 日军从瓜达尔卡纳尔岛上撤退	194
	1945年 长崎、广岛被投下原子弹，日本接受《波茨坦公告》	196

日本接连赢得了中日甲午战争和日俄战争两场对外战争，并在 1920 年国联成立时当上了常任理事国。受第一次世界大战军需的刺激，经济也十分繁荣。然而，此后遭到关东大地震和世界性大萧条大恐慌的打击，日本经济转为不景气。正是在这段时间，军部逐渐失去控制，一路闯进了侵略战争的泥沼。

（大正时代）

第一次世界大战与"二十一条"

欧洲爆发了世界大战。日本打着日英同盟的幌子，趁机入侵中国。中国的反日情绪也从此时开始出现。

1914年，第一次世界大战在欧洲爆发。战争的中心是英德矛盾——一边是早早地完成了中央集权，首先在世界范围内开辟殖民地，凭借帝国主义政策大获成功的英国；一边是殖民地争夺战的后起之秀德国。英、法、俄的"三国协约"对阵德、奥、意的"三国同盟"。后来，意大利因与奥匈帝国间的领土纠纷，投向了协约国，大战呈现泛日耳曼主义对抗国际联合的形态。

此前，战争只发生在军队与军队之间，此次大战却是人类有史以来第一次各国综合国力的全面对决。坦克、飞机、潜水艇、有毒气体等各类新式兵器纷纷登场，酿成了前所未有的悲剧。

日本也在这一年，以日英同盟为借口加入协约国参战。所谓参战，不过是攻打设在中国的德军基地，趁列强无暇东顾之际大肆扩张。若撇开人道问题不谈，确实是外交上唱的一出好戏。日军就此顺势赖在中国，并在次年，也就是1915年，向中华民国政府提出了"二十一条"。

这一要求反映了日本欲在亚洲大陆建立并巩固桥头堡的野心，从而招致中国高涨的反日情绪。

而在"一战"战况胶着之际，秉持中立原则的美国决定参战，引起了极大的骚动。德军为突破英国的海上封锁，派出潜水艇作战，却不慎造成美国人的伤亡。厌战情绪在德军士兵中蔓延，最终军方发动政变，逼迫德国皇帝退位。大战以协约国的胜利告终。

［第一次世界大战关系年表］

年表

1914年 6月 奥匈帝国皇位继承人斐迪
　　　　　南大公夫妇在萨拉热窝被
　　　　　刺身亡。

　　　　7月 第一次世界大战爆发。

　　　　8月 日本对德宣战。

　　　　10月 日本占领德国势力范围
　　　　　内的南洋诸岛。

　　　　11月 日本占领德国侵占的中
　　　　　国青岛。

1915年 1月 日本对袁世凯政府提出
　　　　　"二十一条"。

　　　　5月 袁世凯政府接受"二
　　　　　十一条"。

1916年 7月 签署《第四次日俄协约》

　　　　9月 英军将坦克这一新式兵
　　　　　器投入战场。

1917年 2月 日本应英国请求，派日本
　　　　　舰队进入地中海。

　　　　3月 俄国发生"二月革命"。

　　　　11月 俄国发生"十月革命"。
　　　　　苏维埃政权成立。

1918年 8月 日本进军西伯利亚。

　　　　11月 基尔水兵起义。德国签署
　　　　　停战协议。第一次世界大
　　　　　战结束。

［德国的3B政策和英国的3C政策］

德国的3B政策
是指将柏林（Berlin）、拜占庭（Byantium）和巴格达（Baghdad）连起来的帝国主义政策。

- 柏林（Berlin）
- 拜占庭（Byantium）
- 巴格达（Baghdad）
- 开罗（Cairo）
- 加尔各答（Calcutta）
- 开普敦（Cape town）

英国的 3C 政策
是指将加尔各答（Calcutta）、开罗（Cairo）和开普敦（Cape town）连起来的帝国主义政策。

［"二十一条"］

第一条
将德国在山东省的权益转给日本。

第二条
将南满租界和铁道经营权延长至99年。

第三条
将汉冶萍公司改为中日共营。

第四条
中国的沿海地区不得割与或租与其他国家。

第五条
中国政府须雇用日本的政治、财政、军事顾问和日本警察。

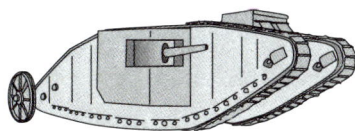

世界上的第一辆坦克是英国开发的"马克I型坦克"，在1916年投入实战。

（大正时代）

国际联盟成立——加入列强行列

第一次世界大战期间，俄国爆发了革命。担心革命波及自身的列强的动向，影响到了日本的普通百姓。于是，大战结束之后，日本成功跻身世界一流国家行列。

1917年，第一次世界大战正打得如火如荼时，俄国的封建帝制却突然崩溃了。流亡瑞士的社会主义者列宁，乘坐一辆秘密列车回到俄国，让革命的烈火蔓延到俄国全境。列宁指导下的俄国，开始朝着社会主义方向跃进。

担心革命之火烧到自己身上的列强决定共同出兵。日本也积极筹划出兵西伯利亚。顺带提一句，提前得到这个情报的大米贩子料定军队出征必然需要大量大米，于是趁机囤积大米，米价随之飞涨。鱼津一带无米下锅的主妇们便掀起了抢米暴动，这一骚动随后发展至全国，寺内正毅内阁因此引咎辞职。代替他组阁的是当时还没有爵位的原敬。原敬内阁是日本史上第一个真正意义上的政党内阁。

第一次世界大战于1918年结束，次年召开了商讨战后处理问题的巴黎和会。和会上签署了《维也纳条约》，德国被要求缴纳巨额赔款。第三年，为反思悲惨的战祸，美国总统威尔逊提出应建立世界性组织国际联盟，以促进和平。作为战胜国的一员，日本和英、法、意等国一起成为国联的常任理事国，来自远东的野蛮人终于被承认为世界一流国家。然而，国联的全会一致原则、缺少武力制裁手段、苏联等大国缺席的弊端，导致它最后未能阻止第二次世界大战的爆发。

［俄国革命的经过］

年表

1905 年 1 月　彼得堡发生"星期日惨案"。
　　　 5 月　苏维埃成立。
　　　 6 月　战舰"波将金号"爆发起义。
　　　 10 月　沙俄政府发布《十月宣言》，约定将开设国会，制定宪法。
　　　 12 月　爆发劳动者起义。
1906 年 5 月　《十月宣言》被否定。
　　　 7 月　斯托雷平任首相。
1911 年 9 月　斯托雷平被刺身亡。
1914 年 6 月　俄国参加第一次世界大战。
1917 年 3 月　二月革命（因为粮食问题，俄国妇女发动游行抗议，后和罢工工人、起义军队团结在一起，成立了临时政府和苏维埃政权）。
　　　　　　尼古拉二世退位。
　　　　　　克伦斯基政府成立。
　　　 11 月　十月革命推翻了克伦斯基政府。
　　　　　　第二次苏维埃大会召开。
1918 年 1 月　制宪会议解散。托洛茨基创立红军。
　　　 3 月　布尔什维克改称俄国共产党。简称俄共（布）。
1919 年 3 月　第三国际成立。
1922 年 12 月　苏维埃社会主义共和国成立。

从俄国革命到米骚动

俄国革命令社会主义运动气势高涨。

各国的王族、贵族和资本家们担心这种否定立宪君主制、否定资本主义制度的革命浪潮波及本国，导致王室倾覆或资本主义体制被颠覆，对此保持高度警惕。

列强共同出兵镇压革命。兵马未动，粮草先行，粮商看准大米特需，抢先囤积惜售。

普通百姓买不到大米。鱼津地区的主妇们掀起了抢米暴动。

暴动波及全国。

［米骚动的扩散］

7 月下旬发端于富山县水桥地区的米骚动转瞬间在全国扩散开来，到了 10 月下旬已波及整个日本，甚至引来了军队的镇压。

（大正时代）

社会主义的寒冬与大正民主运动

奔满变革，并且在大跨步前进的明治时代似已结束，熠熠生辉的民主运动吹响了新时代的号角。然而，这同样是一个社会主义的寒冬时代。

1911年，日本终于实现了多年夙愿，收回了关税自主权。这一幕末以来的伟大成就，是那位吞并了韩国的外相——小村寿太郎对日本的最后贡献。日本终获列强承认，挤进了一等强国之列。次年，作为快速现代化象征的明治天皇离开了这个世界。接替他登上皇位的是三皇子，即后来的大正天皇。日本启用了新年号，进入了新时代。

据说大正天皇患有髓膜炎。他把诏书卷成圆筒当作望远镜比划的逸事十分出名，但并无证据显示是疾病导致他做出这个有些怪异的行为的。民间之所以给大正天皇塑造了这样的形象，不排除是因为大正天皇在一个普遍承认妻妾的时代坚持一夫一妻制，令举国臣民为皇嗣操心不已，以致窃窃私语当今圣上比不上历代天皇。

伟大的领袖自有伟大的时代。大正时代伊始，就发生了尾崎行雄等人领导的第一次护宪运动。紧接着，在吉野作造振臂高呼民本主义，也就是真正意义上的民主主义的影响下，民主雄风渐渐高涨。这一连串的风潮被称为大正民主运动。

但也有一股逆风同时刮起。在明治末期，也就是日俄战争时发表反战言论的社会主义者幸德秋水等人，被自己的弟子连坐，以"谋反大逆"罪名被处以极刑。幸德事件仅仅是接下来发生的一连串所谓"大逆事件"的开始。社会主义的寒冬将至。大正民主运动可以说是军部独裁的黑暗笼罩前的最后一丝余晖。

［大逆事件］

大逆事件的经过

1910 年	5 月 25 日	宫下太极等人被逮捕。此为"大逆事件"之始。
	6 月 1 日	幸德秋水等人被逮捕。
	12 月 10 日	幸德等人受非公开审判。
1911 年	1 月 18 日	受审的 26 人中，有 24 人被以"大逆罪"判处极刑。
	1 月 19 日	其中 12 人从死刑减为无期徒刑。
	1 月 24 日、25 日	执行死刑。

1910 年，26 名社会主义者和无政府主义者因试图暗杀天皇被起诉，其中大半被处以死刑。这就是所谓的"大逆事件"。

幸德秋水

（1871—1911）

出生于现在的高知县中村市，本名传次郎。幕末维新时家道中落，父亲早逝，传次郎没机会接受足够的教育，这或许是他走上社会主义道路的原因。同乡中江兆民则送了他"秋水"这一雅号。在兆民、黑岩泪香等人的鼓励下，秋水逐渐热心于社会问题，并组织了平民社，出版《平民新闻》。在桂内阁疯狂镇压社会主义者期间，发生了"大逆事件"，秋水作为领头者被处死刑。

［第一次护宪运动］

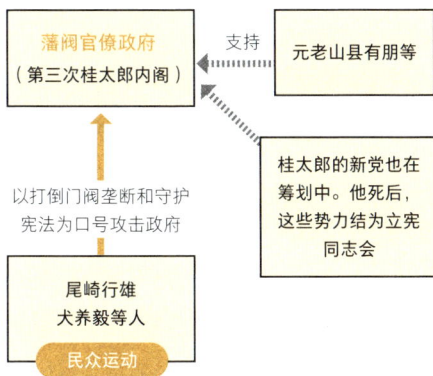

藩阀官僚政府
（第三次桂太郎内阁）

⟵ 支持 ⟵ 元老山县有朋等

↑ 以打倒门阀垄断和守护宪法为口号攻击政府

桂太郎的新党也在筹划中。他死后，这些势力结为立宪同志会

尾崎行雄
犬养毅等人

民众运动

吉野作造

（1878—1933）

出生在现宫城县大崎市。高中时代即受洗成为基督徒。成年后，在东京帝国大学执教之余，也在《中央公论》等杂志上发表文章，宣扬民主主义，是大正民主运动的核心人物之一。曾加入朝日新闻社，却因被指认为"右翼"等问题，很快就离开了。为 1926 年社会民众党的成立竭尽全力。

（大正时代）

萧条与灾害，宪政的常见剧本

祸兮福所倚，福兮祸所伏。百业兴旺与经济萧条不过一纸之隔、政治家的功过和政策的得失也常是一体两面。大正时代迅速谢幕，历史转入昭和年间。

　　有人流血，就有饱食鲜血的蚊蝇；有人因天灾人祸卑微求生，就有人因特需经济大发横财；有劳动者在监工皮鞭的抽打下痛苦喘息，就有人靠着盘剥剩余价值过上奢靡的生活。古今中外，社会经济运转给我们展示的往往就是这样赤裸裸的残酷现实。

　　第一次世界大战中，欧洲不但沦为战场，并且消耗大量武器弹药。日本则受战时特需荫蔽，趁着欧洲缺席，霸占了亚洲市场，迎来了空前的景气时期，可谓战时繁荣。然而，随着战后欧洲的复兴，市场很快转为供给过剩，日本战时囤积的生产资料沦为不良资产，出现了著名商人破产、中小银行倒闭的风潮。

　　1923年的关东大地震令事态雪上加霜。发生在人口密集的首都圈正下方的地震，导致超过10万人死亡和失踪。由于地震恰巧发生在午饭期间，引发的大火几将东京付之一炬，沉重地打击了当时的日本经济。

　　在此形势下，1924年发生了第二次护宪运动，结果成立了护宪三派内阁，因签署日英同盟和"二十一条"而闻名的加藤高明出任首相。

　　第二年，加藤又签订了《日苏基本条约》，同苏联建立邦交；大幅裁减陆军，史称"宇垣裁军"；制定《普通选举法》，撤销"纳税3日元"的门槛，把选举权扩大至所有25岁以上的成年男性，令选民人数膨胀至原来的4倍。由于需要压制反对势力，也为了维持稳定，加藤制定了《治安维持法》。该法最初是为镇压共产主义运动，但后来逐渐被滥用为镇压所有自由主义者及反政府人士，被认为是导致军部独裁的原因之一。

［第一次世界大战之后的世界局势］

年表

1914年	8月	日本宣布参加第一次世界大战。
1915年		战时景气开始。
1917年	9月	禁止黄金出口。
1918年	8月	大米骚动从富山蔓延至全国。
	11月	第一次世界大战结束。
1919年	1月	出口总额超过进口总额。
1920年	3月	股价暴跌。战后恐慌开始蔓延。
1923年	9月	关东大地震。二二六政变。昭和天皇被袭，山本权兵卫内阁集体辞职。
1924年	1月	全部由贵族院议员组成的清浦奎吾内阁成立。第二次护宪运动开始。
	6月	加藤高明的护宪三派内阁成立。

选举法修正的历程

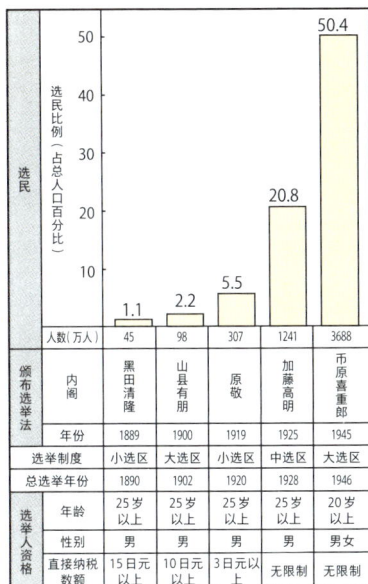

选民比例（占总人口百分比）				
1.1	2.2	5.5	20.8	50.4
人数（万人） 45	98	307	1241	3688

颁布选举法	内阁	黑田清隆	山县有朋	原敬	加藤高明	市原喜重郎
	年份	1889	1900	1919	1925	1945
选举制度		小选区	大选区	小选区	中选区	大选区
总选举年份		1890	1902	1920	1928	1946
选举人资格	年龄	25岁以上	25岁以上	25岁以上	25岁以上	20岁以上
	性别	男	男	男	男	男女
	直接纳税数额	15日元以上	10日元以上	3日元以上	无限制	无限制

［关东大地震的损失状况］

受害家庭数

地震发生时的户数	829 900
烧光	311 962
毁坏	16 684
半毁	20 122

受害人口

地震发生时的人口	4 050 600
死者	59 593
失踪	10 904
伤者	28 972
合计	99 389

注：据春秋社出版的《关东大地震志》制成

后藤新平

（1857—1929）

宫城县人。曾因卷入相马家的内部骚动而一时下野。关东大地震后，被提拔为内相兼帝都复兴院总裁，为赈灾及灾后重建鞠躬尽瘁。

（昭和时代）

世界性恐慌与日趋激烈的恐怖活动

从美国开始的大萧条并没有放过日本。黄金出口禁令的解除，导致大量的贵重金属流出日本。在裁军浪潮和大萧条的巨浪面前，日本束手无策。

1929 年 10 月，纽约证券交易所的股价数次暴跌。工业化和资本主义经济露出了它残酷的一面。虽然当时有些人认为这不过是证券市场一次短暂的混乱，很快就会结束，但混乱很快扩散至整个金融市场，并迅速发展成为世界性的恐慌。大萧条开始了。

此时的日本已经遭受过一轮经济萧条的冲击。在时任日本首相滨口雄幸和大藏大臣井上准之助的指示下，日本解除了"一战"以来的黄金出口禁令，恢复金本位制。但因对证券市场失去信心，世界上的其他发达国家此时转为囤积黄金。日本解除禁令相当于逆潮流而动，很快导致大量贵重金属流出日本。

在经济与国防的相互作用下，日本的境况变得岌岌可危。当时正值世界裁军浪潮的高峰，各国接连签署了 1921 年的《华盛顿海军条约》、1928年的《巴黎非战公约》，并于 1930 年召开了伦敦海军会议。出于国际协商的精神，滨口同意了伦敦海军会议上提出的限制辅助舰船的要求，这被认为侵犯了天皇的军事统帅权。加上此前的经济萧条，二罪相加，滨口因此死于暴徒枪下。

次年，犬养毅内阁的大藏大臣高桥是清下令阻止黄金外流。然而，此后又接连发生了陆军将校组成的樱花会两次政变未遂、标榜昭和维新"一人杀一人"的血盟团暗杀井上准之助和三井理事长团琢磨事件。日本国内的气氛已是黑云压城。

［各国面对大萧条的对策］

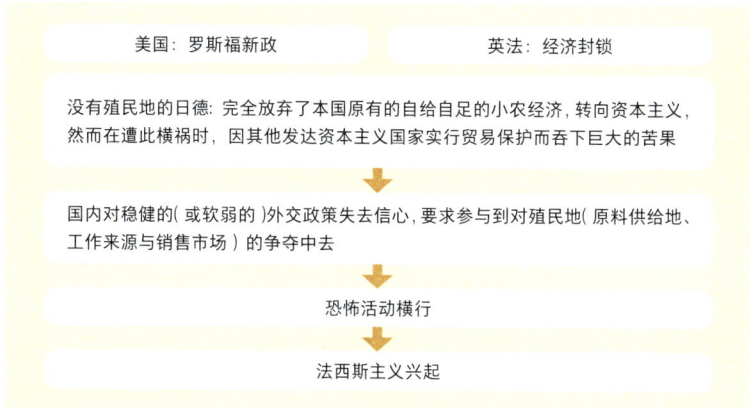

美国：罗斯福新政	英法：经济封锁

没有殖民地的日德：完全放弃了本国原有的自给自足的小农经济，转向资本主义，然而在遭此横祸时，因其他发达资本主义国家实行贸易保护而吞下巨大的苦果

国内对稳健的（或软弱的）外交政策失去信心，要求参与到对殖民地（原料供给地、工作来源与销售市场）的争夺中去

恐怖活动横行

法西斯主义兴起

［伦敦海军会议的结果］

伦敦海军会议对各国拥有的辅助舰船（排水量，单位：吨）做出如下限制：

	英国	美国	日本
大型巡洋舰（甲级）	146 800	180 000	108 400
小型巡洋舰（乙级）	192 200	143 500	100 450
驱逐舰	150 000	150 000	105 500
潜水艇	52 700	52 700	52 700
合计	541 700	526 200	367 050

［陆军裁军情况］

山梨裁军

（1922年 加藤友三郎内阁）
陆军大臣山梨半造 裁减
将校2268人，准士官以下57 296人；步兵252个中队，骑兵29个中队，工兵7个中队，辎重部队9个中队；马13 000匹。
削减军费开支共计 4033 万日元。

宇垣裁军

（1925年 第一次加藤高明内阁）
陆军大臣宇垣一成 裁减
将兵共33 900人，常设师团从21个减到17个（取消第13、15、17、18师团的建制），马6000匹。

（昭和时代）

从"九一八事变"开始被孤立

为了在经济萧条中寻找活路，日本把目光投向了中国东北地区。日本不仅把它当作饱含希望的新天地，也视其为绝对不能后退的防线。1931年，日本陆军发动侵略战争，便也吹响了灭亡的号角。

　　1931年1月，政友会的松冈洋右发表演说，批判滨口内阁的币原喜重郎的协商外交路线，称"日本的生命线在满蒙"。这一演讲像长了脚一样迅速传播开来，日本举国陷入"满洲热"之中。

　　同年9月，中国沈阳柳条湖附近的"南满铁路"发生爆炸。驻守在附近的日本陆军部队关东军趁机开始了军事行动。其实，这次"爆炸"从头到尾都是关东军自导自演的。当时的日本内阁，也就是第二次若槻礼次郎内阁曾下令禁止扩大战争规模，但关东军对此置之不理，继续推进战事，直至完全侵占中国东北三省。此即"九一八事变"。

　　为将日本的侵占合法化，关东军企图建立傀儡政权"满洲国"。次年，清朝的末代皇帝被推上"满洲国"皇位，发表了"建国宣言"。若槻显然已无力控制局势。犬养毅取代他成为首相后，曾尝试通过外交途径同中华民国寻找解决事态的方法，然而他于5月15日被海军的一名青年将校刺死，史称"五一五事件"。虽然天皇本人坚持希望尽早平息事态，但比起天皇，怕死的政治家们还是更倾向于按照军部的意思行事。

　　为了摸清"满洲国"的真实情况，国联派出了李顿调查团。调查结果判定"满洲国"是日本的傀儡国家，所谓"建国"是日本的侵略行径。虽然李顿调查团的立场其实是承认日本在中国东北的权利，但日本不满调查结果，并因此退出国联。1933年，在大名鼎鼎的松冈洋右的全权主持下，日本退出国联，走上了孤立的不归路。

［"九一八事变"］

年表

1931 年	1 月 22 日	开始和张学良交涉"满洲铁路"之事。
	6 月 27 日	中村震太郎在兴安岭被杀。
	7 月 2 日	万宝山发生中朝两国农民纠纷。
	9 月 18 日	"九一八事变"爆发。
	9 月 21 日	在朝日本军队越境进入中国东北三省地区。
	10 月 8 日	关东军袭击锦州，战事扩大。
	10 月 24 日	国联理事会劝告日本从中国东北撤兵。
	12 月 11 日	第二次若槻内阁集体辞职。
	12 月 13 日	犬养毅内阁成立。
1932 年	1 月 26 日	第一次淞沪事变。
	2 月 29 日	李顿调查团来日。
	3 月 1 日	"满洲国"建立。
	5 月 15 日	五一五事件爆发。犬养内阁分崩离析。
	9 月 15 日	日本政府承认"满洲国"。
	10 月 2 日	李顿调查团报告书公布。
1933 年	2 月 23 日	关东军进军热河。
	2 月 24 日	国联通过劝告日本撤军的决议。
	3 月 27 日	日本宣布退出国联。
	5 月 31 日	签署塘沽停战协定。
1934 年	3 月 31 日	"满洲国皇帝"登基。

［陆军内部的对立］

皇道派		统制派
以陆军的青年将校为中心，获荒木贞夫、真崎甚三郎等人支持。目标是实现天皇亲政。	**VS**	以永田铁山、东条英机等陆军参谋本部的中坚力量为核心。目标是在军部统筹下发起全面战争。

（昭和时代）

言论封杀——迅速滑向缄默的国家

虽说战火已起，但卢沟桥事变伊始，日本并不是全无希望的。然而此后，随着《国体明征声明》与二二六事件后的一系列言论封杀措施，勿论国事的乌云逐渐囚禁了整个日本。

日本脱离国联的第二年，民族社会主义德国工人党的希特勒就任德国元首，而社会主义的苏联则加入了国联。世界格局发生了重大变化。战时的日本，尽管举国上下无论对内政还是外事都弥漫着莫名的乐观情绪，但与此同时，言论的管控也空前严厉。宪法学者美浓部达吉因其"天皇机关说"，遭到了陆军军官兼贵族院议员菊池武夫的攻击，理由是该学说"有违国体"，"乃大不敬"，而在1935年之前该学说并不是问题。菊池武夫的此番说辞符合了军部的利益，《国体明征声明》随即出台。渐渐地，人人缄口不言，唯恐祸从口出。实际上，"天皇机关说"与《大日本帝国宪法》中为实现"天皇免责制"而规定的"天皇在内阁辅佐下行使其职权"从内核上是吻合的。然而，"拥戴国体"这句简单朴素的话，在一个国民对法与政治普遍无知、皇室被普遍爱戴的时代，沦为军部排除异己、打压异见的杀手锏。此外，昭和天皇本人据说也曾对侍从说过"机关说没什么不好"之类的话。

第二年，日本宣布退出伦敦海军会议。之后的2月26日，在大雪纷飞的东京，发生了"二二六事件"。标榜"昭和维新"的陆军青年军官们刺杀了大藏大臣高桥是清和内大臣斋藤实。叛乱者控制了首都东京，宣布东京戒严。然而，叛乱宣称效忠的天皇却因身边亲近的侍卫长——铃木贯太郎被袭而震怒，亲自下令镇压叛乱。叛乱最终失败，"陆海军大臣现役武官制度"却由此得以还魂。军部治下的言论管控由此变本加厉。

［ 希特勒的崛起 ］

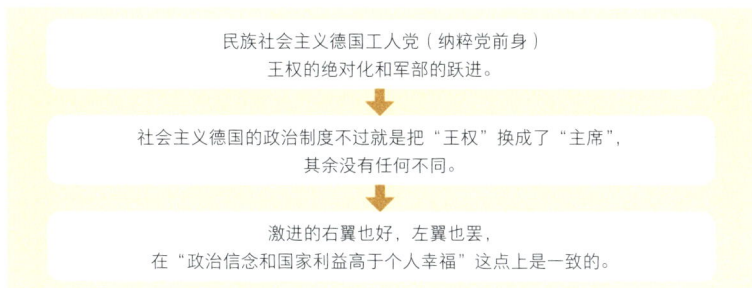

> 民族社会主义德国工人党（纳粹党前身）
> 王权的绝对化和军部的跃进。

⬇

> 社会主义德国的政治制度不过就是把"王权"换成了"主席"，
> 其余没有任何不同。

⬇

> 激进的右翼也好，左翼也罢，
> 在"政治信念和国家利益高于个人幸福"这点上是一致的。

［ 陆海军大臣现役武官制度 ］

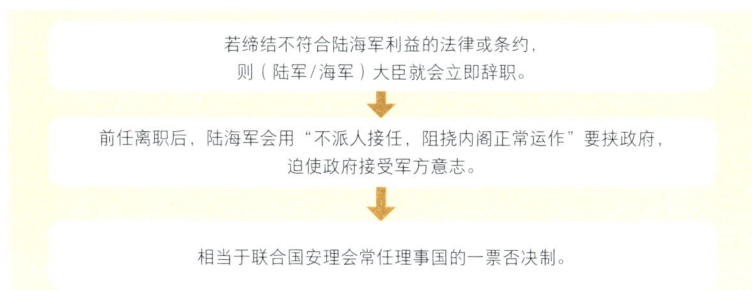

> 若缔结不符合陆海军利益的法律或条约，
> 则（陆军/海军）大臣就会立即辞职。

⬇

> 前任离职后，陆海军会用"不派人接任，阻挠内阁正常运作"要挟政府，
> 迫使政府接受军方意志。

⬇

> 相当于联合国安理会常任理事国的一票否决制。

［ "二二六事件"中的死伤者 ］

死亡	受伤
松尾传藏 （陆军大佐） **高桥是清** （原首相） **斋藤实** （海军大将） **渡边锭太郎** （陆军大将）	**铃木贯太郎** （侍从长）

［ 国体 ］

本意为"国家存在的形式"。这里指的是：依据《古事记》和《日本书纪》所载，日本是由天照大神后裔的皇室统治的国家。

（昭和时代）

东京奥运会的泡影与侵华战争

东京将于2021年第二次举办奥运会，第一次是在1964年。其实，早在四分之一个世纪前，东京就曾获得过举办夏季奥运会的殊荣。那场最终没能举办的奥运会，本该作为首次由亚洲人举办的奥运会而载入史册。

　　尽管整个社会乌云罩顶，东京还是被定为1940年7月夏季奥运会的主办城市。选择在有色人种国家举办奥运，在当时可谓破天荒，但这也再次证明日本已被视为先进国家。然而先是1936年10月召开的柏林奥运会沦为希特勒宣扬国威的道具，接着，日本在次月和德国签订了《德日防共协定》（又称《反共产国际协定》）。此后，日本以美、英为敌，登上了战败的轮船。

　　1937年7月，在北京近郊的卢沟桥附近，日军和中国国民党军队发生冲突。1931年起日本对中国东北地区展开的局部侵略，从此升级为全面侵华战争。当时，中国南、北有两个政权（即南京政府和张学良的东三省政府），国民党忙着剿共，各地军阀割据，实在称不上是个统一的国家。全面侵华战争开始后，国共两党达成了暂时休兵的协议，实现了第二次国共合作，联手迎战日本。日本成了中国统一的契机。

　　同年11月，意大利紧跟着加入了《反共产国际协定》。日本侵占了上海和南京，举国上下无论政见是左是右，均沉浸在战争的狂热之中。外交途径也并未断绝，时任首相的近卫文麿拒绝与蒋介石政府打交道，指定汪兆铭（即汪精卫）为谈判对手。然而汪氏政府被英、美视为傀儡政权。

［ 近代夏季奥运会（ 1896—1940 ）］

1896年	希腊雅典
1900年	法国巴黎
1904年	美国圣路易斯
1906年	希腊雅典
1908年	英国伦敦
1912年	瑞典斯德哥尔摩
1916年	德国柏林
1920年	比利时安特卫普
1924年	法国巴黎
1928年	荷兰阿姆斯特丹
1932年	美国洛杉矶
1936年	德国柏林
1940年	主办权从日本东京移交给芬兰赫尔辛基

［ 此时的中国 ］

年表

1936年 12月 西安事变。
1937年 7月 卢沟桥事变爆发，中日全面开战。
　　　 8月 八一三事变。
　　　 9月 第二次国共合作开始。
　　　 12月 日军占领南京。
1938年 10月 日军占领广东，占领武汉三镇。
1939年 5月 诺门罕战役。
　　　 9月 第二次世界大战开始。

［ 侵华战争 ］

此次战争是日本不宣而战。因当时中国并无统一政权，故日本称为"支那事变"（支那是日本对中国的蔑称）。日本把此次战争连同其后发生的太平洋战争一起，视为"为建立大东亚共荣圈而发起的圣战"，称为"大东亚战争"。世界史上通常称为"侵华战争"或"太平洋战争"。

（昭和时代）

国家总动员体制的确立

在日本史上多如牛毛的恶法中，《国家总动员法》可以排到前几位。自该法律制定以来，日本的国家政治直线倒车，简直退回古代。

1938年4月，第一次近卫内阁制定了《国家总动员法》。该法规定：出于国防需求，政府有权调度包括人力物力在内的一切资源。日本由此进入了黑暗年代。次年，政府强行征购了所谓的"违禁物品"，对生活方式进行统制管理，禁止男性蓄长发。9月，第二次世界大战在欧洲爆发，日本开始实行石油配给、限定物价、强征米粮等战时经济政策，几乎令人产生了"社会主义国家"的错觉。在镇压共产主义者方面从不手软的军部和右翼势力却推行共产体制，这真是极大的讽刺。

1940年乃天皇纪年的第2600年。因为是个整数大年，日本倒也隆重庆祝了一番，似乎局势重新变得光明了起来。然而好景不长，到了3月，就开始全面清除所谓"敌国用语"，将因描写战时百态而脍炙人口的各种外来语词汇都强行替换为日语词。

此时，德国战车以摧枯拉朽之势横扫欧洲大陆，甚至占领了法国，扶植了一个亲德政权。在此形势下，第二次近卫内阁发表了《基本国策纲要》，宣布将帮助东亚、东南亚，乃至南太平洋地区摆脱欧美的殖民统治，以日本为"盟主"，建立一个包括上述地区在内的"大东亚共荣圈"。当年9月，德、日、意三国缔结了军事同盟。10月，又以"全面战争需一国一党"为借口，解散所有既有的政党，成立了大政翼赞会。经济界也唯恐落个不识时务之名，于次月成立了日本产业报国会。至此，一亿翼赞总动员体制业已成形。

［战时统制的强化］

年表

1937 年 9 月　颁布《临时资金调整法》，颁布关于进出口的临时措施法案，发布军需
工业动员令。

　　　　 10 月　成立企划院。

1938 年 4 月　颁布《国家动员法》《国家电力管理法》。

1939 年 3 月　发布工资统管令。

　　　　 7 月　发布国民征用令。

　　　　 10 月　发布价格等项目的统管令。

　　　　 12 月　发布地租统管令。

1940 年 7 月　公布奢侈品等物品的制造贩卖限制。

　　　　 10 月　发布粮食管理规定。

　　　　 11 月　砂糖和火柴开始凭票供应。

1941 年 4 月　发布生活必需物资统管令，公布粮食配给记账制。

［太平洋战争年表］

年表

1940 年 9 月　日军开进法属印支半岛北部。

1941 年 4 月　签订《苏日中立条约》。

　　　　 7 月　日军开进法属印支半岛南部。

　　　　 12 月　日本偷袭珍珠港，太平洋战争开始。

1942 年 6 月　中途岛海战。

1943 年 2 月　日本从瓜达康纳尔岛撤退。

　　　　 11 月　开罗会议。

1944 年 6 月　美军登陆塞班岛，美国空袭日本本土。

　　　　 10 月　美军登陆莱特岛。

1945 年 2 月　美国从日本手中夺回菲律宾，美军在硫磺岛登陆。

　　　　 4 月　美军登陆冲绳。

　　　　 7 月　波茨坦会议。

　　　　 8 月　美国在广岛和长崎分别投下原子弹。苏联对日宣战。日本投降。

（昭和时代）

太平洋战争爆发

第二次世界大战爆发后，欧洲一时间无心东顾，日本趁机在东亚地区扩大自己的势力范围。美国不可能对此坐视不理。

欧洲忙于第二次世界大战，一时间顾不上东亚地区。美国方面，虽然本国境内并无战争，但对日本的警惕却丝毫没有放松。1941年，日本和苏联签署了《苏日中立条约》，斩断了陆路的后顾之忧。然而紧接着，美国就全面禁止了对日本的石油出口，意在牵制日本行动。得知美方的行动后，第三次近卫内阁内部发生了意见分歧：主张继续采用外交手段的近卫和主张对美强硬的东条英机严重对立，最终内阁内部发生分裂，被迫集体辞职。东条英机继任首相，兼任内大臣和陆军大臣，手握大权。东条虽然立场强硬，但碍于天皇的意愿，还是继续与美国进行外交谈判。谈判中，确实也出现过一些算不上对日不利的方案，但或许是因为蒋介石政府的请求，11月美国向日本递交了《赫尔备忘录》。这份措辞强硬的备忘录基本否定了日本在大陆攫取的各种权益。这对于已经付出巨大代价，仍要强行将战争打下去的日本军部及其代言人东条英机来说，是无论如何也不能接受的。

此前一直反对与美开战的海军，立场也发生了动摇，转而赞同以速战速决的形式争取谈判桌上的优势地位。12月，日军登陆马来半岛，寻找石油。同时，海军的机动部队对美国海军太平洋舰队停靠的珍珠港发起突袭，击沉了4艘战舰。美国就此向日本宣战，太平洋战争爆发了。于是，追随美国的国家也纷纷对日宣战。除了北方（指苏联尚未对日宣战），日本几乎陷入了四面为敌的境地。

[日美谈判中日方的最终提案]

甲案

- 绝不履行不公平的贸易协定
- 不扩大解释三国同盟中的自卫权力
- 撤兵问题

  中日实现和平后，两年内撤走华北、（内）蒙古一带的军队；侵华战争结束后立即撤走法属印支地区的军队

乙案

- 日美两国约定不以军事进攻东南亚及南太平洋地区
- 日美两国须保障彼此在荷属印支地区取得战略物资的权益
- 日美两国将通商贸易状态恢复至日本资产冻结命令之前；美国须恢复对日石油出口
- 美国不干涉中日关系

[赫尔备忘录]

- 日本、美国、英国、苏国、荷兰、中国、泰国间签订互不侵犯条约
- 日本、美国、英国、苏国、荷兰、中国、泰国约定不侵犯法属印支地区，实现通商贸易平等及互不干涉。
- 日军从中国及法属印支地区撤退。
- 不承认中华民国政权之外的中国政府。
- 放弃在中国的治外法权和租界。
- 以最惠国待遇为基础签订新美日通商协定。
- 美日两国互相解除资产冻结命令。
- 保持美元和日元的汇率稳定。
- 解散三国同盟。

[重要人物对美日谈判的看法]

昭和天皇	重视谈判
木户幸一	消极地认为美日必有一战，但如果真的开战的话，应该在一个非皇族首相主持内阁的时期
近卫文麿	重视谈判
东条英机	强硬派→极力主张谈判→开战派
海军	不可能战胜美国

[《苏日中立条约》]

苏日两国在1941年4月13日签订了中立条约，约定两国的和平友好及互不侵犯，规定双方须在另一方同第三国的战争中保持中立，有效期为5年。1945年4月，苏联宣布不再延长中立条约，并于同年8月8日对日宣战。

（昭和时代）

中途岛海战

如海军所料，战争初期日军势如破竹，在东南亚和太平洋上攻城略地，迅速扩大霸权。然而，中途岛海战一役后，形势急转直下。

　　美日开战之后，日本于同月占领了关岛及中国香港，并成功登陆吕宋和婆罗洲两岛。次年，即1942年，轻取马尼拉，紧接着攻占新加坡。虽然看起来一路高奏凯歌，然而半年后就迎来了转折点，即在6月打响的中途岛海战。此役中，日本联合舰队密电被破译，决策又发生错误，导致损失惨重：四艘堪称王牌的主力航母被击沉，大部分飞行员和舰载机随之葬身海底。大获全胜的美军在8月登陆了瓜达尔卡纳尔岛。此后，在包括该岛在内的所罗门群岛及其周边海域，美日两国海军展开了激烈的厮杀。日本虽勉力取得了10月南太平洋海战的胜利，但同时失去了大部分的航空母舰、舰载机、熟练的飞行员及其他机组人员。美国的现役航母虽然暂时归零，被迫将此海域的制海权暂时让于日本，但很快凭着能够支撑消耗战的优势卷土重来。国土及资源远逊对手的日本只能在第二年，也就是1943年从瓜达尔卡纳尔岛撤退。

　　1944年，美军登陆塞班岛及关岛。日本的盟友意大利立即举起了白旗（此后以联合国军身份参战）。而日军一边，只从德国那里得到了微不足道的一点技术和武器援助，态势每况愈下。当年年末时，日本又发生了东南海地震，本土的军工厂遭到严重的打击，令日军境况越发艰难。美军则在原本被日本占领的马里亚纳群岛上大修机场，接着又攻下了可供飞机中转的硫磺岛。对日本本土的轰炸即将开始。

[日本势力范围示意图]

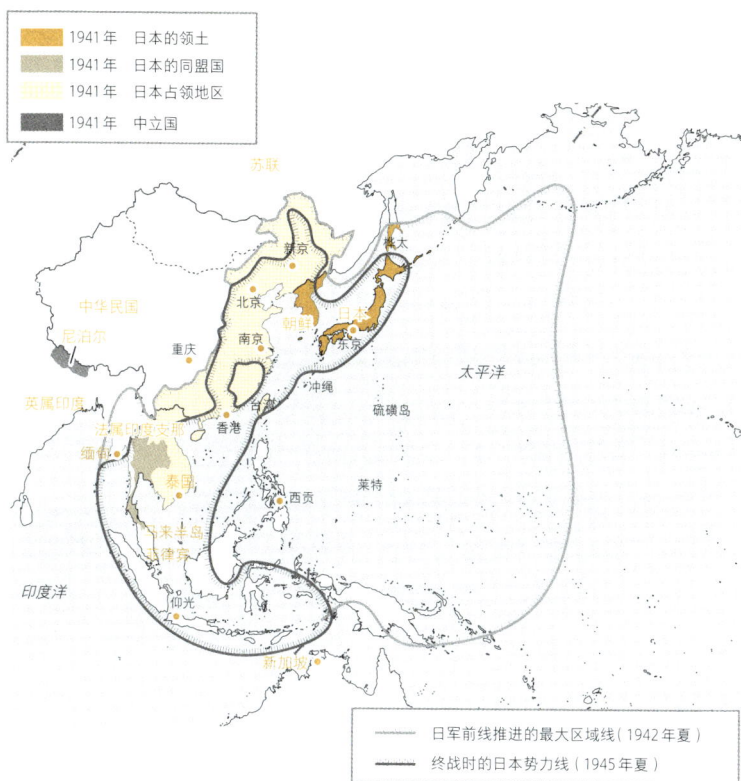

- 1941年　日本的领土
- 1941年　日本的同盟国
- 1941年　日本占领地区
- 1941年　中立国

苏联

桦太

中华民国

尼泊尔

北京

朝鲜

东京

英属印度

重庆

南京

日本

冲绳

太平洋

法属以度支那

香港

硫磺岛

缅甸

泰国

莱特

印度洋

马来半岛

新加坡

西贡

仰光

日军前线推进的最大区域线（1942年夏）

终战时的日本势力线（1945年夏）

[中途岛海战的败因]

大本营和联合舰队司令部围绕此次作战意见严重对立。此外，因侦查不充分，日军未及时发现美国的航空母舰部队。

[东南海地震]

1944年12月7日，静冈县到纪伊半岛东南部发生地震，给静冈县、爱知县、岐阜县、三重县带来了巨大损失。但因为正值战败气息日益浓烈之时，有关方面对地震损失状况讳莫如深。

（昭和时代）

战　败

东京大轰炸。广岛、长崎被投下原子弹。就算是战时国际法，显然也不允许这种无差别轰炸。但如果日本能早点投降，或许就不至于招致这样的悲剧了。

1945年3月，日本本土遭受到的空袭日益激烈，以美国为中心的盟军开始在冲绳登陆。日本战败的结局已然注定。

4月，希特勒自杀，德国投降。日本成为世界上最后的敌对国家。战后，联合国成立，以战时的同盟国为基础建立了安全保障体制。和同盟国战斗到最后的德国和日本，从此始终无法摆脱联合国宪章中敌国条款所指的"敌国"身份。日本作为一个非白人国家，到最后才投降，导致国家从此不得不经年累月地背负着扰乱国际秩序、破坏和平的罪责。

7月，盟军发表《波茨坦公告》，劝告日本无条件投降。日本迟迟不肯投降，作为警告，8月6日，美军在广岛投下原子弹。8日，苏联对日宣战。9日，长崎也遭受了原子弹袭击。遭到这一连串的攻击之后，为讨论投降事宜，日本政府终于在10日召开了御前会议。然而即便到了这个关头，还是有一部分军人头脑不清楚，以守护国体之类的说辞为理由拒绝投降。最终是昭和天皇越权决定接受投降要求。14日，日本宣布接受盟军的"波茨坦公告"；次日，昭和天皇亲自在广播中宣读《终战诏书》，通告全日本国民日本的战败。

若论功过是非，这一场战争显然是罪孽深重。但讽刺的是，正是在这场战争中，日本全国普及了收音机，也基本实现了国民保险制度。以主妇为首要群体，女性的发言权得到发展，城乡差异缩小甚至逆转。这些都是战争的另一面。

［主要的空袭］

轰炸日本本土时使用的美军轰炸机B-29

空袭中的死伤人数
- 10万人以上
- 1000～1万人
- 1万～10万人

- 海军工厂所在地
- 陆军兵工厂所在地

（地图标注：青森、釜石、仙台、多贺城、长冈、宇都宫、日立、水户、前桥、八王子、东京、铫子、千叶、川崎、横滨、相模原、静冈、丰川、滨松、丰桥、四日市、铃鹿、和歌山、堺、大阪、名古屋、一宫、甲府、福井、岐阜、舞鹄、富山、神户、西宫、尼崎、芦屋、姬路、冈山、广岛、呉、德山、小仓、八幡、下关、福冈、大牟田、熊本、佐世保、川柳、长崎、鹿儿岛、今治、松山、高松、德岛、津、冲绳）

［截至终战，盟军的主要会议］

召开时间	会议名称	与会国	内容
1941年8月	大西洋会议	美国、英国	制定《大西洋宪章》
1943年1月	卡萨布兰卡会议	美国、英国	确认无条件投降的定义
1943年11月	开罗会议	美国、英国、中国	签署《开罗宣言》
1943年11—12月	德黑兰会议	美国、英国、苏联	制定对德作战方针
1944年8—10月	敦巴顿橡树园会议	美国、英国、苏联、中国	商议联合国成立事项
1945年2月	雅尔塔会议	美国、英国、苏联	确定苏联参加对日作战
1945年—8月	波茨坦会议	美国、英国、苏联	发表要求日军无条件投降的公告

197

6

现代

跨越战争与灾害

昭和时代	1945年	《劳动组合法》《劳动基准法》《教育基本法》成立.............................. 200
	1947年	《日本国宪法》颁布... 200
	1950年	朝鲜战争爆发.. 202
	1951年	美日签订《美日安全保障条约》... 202
	1952年	日本加入国际货币基金组织（IMF）....................................... 204
	1954年	日本政府制定经济自立五年方案.. 204
	1955年	朝鲜特需令经济好转；确立55年体制......................... 206、206
	1956年	发表《日苏共同宣言》，两国恢复邦交................................. 204
	1957年	颁布新长期经济计划.. 204
	1960年	围绕新《美日安保条约》的签署问题，日国内爆发反安保条约运动...... 206
	1964年	日本加入经济合作与发展组织（OECD）................................ 204
		东京奥运会召开... 206
	1965年	日韩签署《日韩基本条约》；名神高速公路全线贯通................ 206
	1968年	小笠原群岛返还日本.. 208
	1970年	大阪世博会召开... 208
	1971年	环境厅成立... 206
	1972年	札幌冬奥会召开，冲绳返还日本，《中日联合声明》发表........ 208
	1973年	第一次石油危机.. 210
	1976年	洛克希德事件被揭露.. 208
	1979年	第二次石油危机.. 210
	1987年	日本电话电报公司（NTT）股票上市.................................... 210
	1988年	利库路特贿赂案.. 212
平成时代	1989年	昭和天皇驾崩，平成天皇即位；引入消费税.......................... 210
	1991年	日本经济泡沫破裂... 210
	1993年	55年体制崩溃.. 212
	1994年	引入小选区制.. 212
	1995年	阪神大地震... 214
	1996年	金融危机爆发.. 214
	2000年	《护理保险法》颁布.. 214
	2005年	邮政解散.. 216
	2008年	次贷危机（雷曼危机）爆发... 216
	2011年	东日本大地震.. 218

　　第二次世界大战结束，日本是战败国。在一片焦土之上，却实现了堪称奇迹的经济复苏。依靠收入倍增计划等高速发展的日本，吸引了全世界的目光，还成为第一个举办奥运会的亚洲国家。然而，20世纪90年代经济泡沫破灭之后，经济便停滞不前了。

（昭和时代）

《日本国宪法》的制定和战后民主主义

战后初期，日本交由驻日盟军最高司令部（GHQ）管制。GHQ对日本这个美国的"二战"头号敌国进行了彻底的民主改造。

日本投降之后，对其进行占领和管制的是以美国为主的驻日盟军最高司令部（GHQ）。其最高长官麦克阿瑟为了削弱日本，也为了推进民主化，在日本施行了比在本国更加激进的政策，包括解散军队、扫除军需产业，废除《治安维持法》和特别高等警察等，清除了日本的军事力量。日本原有的金字塔型的阶级结构使得总动员体制得以实施，因此接受了来自方方面面的改造，如解散财阀和农地改革等。天皇还发表了《人间宣言》。

此外，因为战争罪行开除了大量公职人员。远东军事法庭（东京审判）以新设立的侵害人权等罪名为由，对战争犯罪嫌疑人进行审判。

1945年颁布《劳动组合法》，工会随之合法化。紧接着，《劳动基准法》也生效，划定了劳动报酬和劳动条件的最低标准。教育领域，制定了《教育基本法》，废除教育敕语，确立了民主主义精神的教育基本原则和男女混校制度。

1945年修改《选举法》，将拥有投票权的标准确立为年满20周岁的男女公民。也就是说，妇女也拥有了选举权。以修正《大日本帝国宪法》为基础，国民主权、和平主义、尊重基本人权为支柱的《日本国宪法》也在当年正式颁布。这部宪法明文规定了废除军队，人人享有追求幸福的权利和生存的权利等，贯彻了当时最先进的人权思想。在实践中确实有过于理想化的一面，可以说是上文提到的战后人类对理想世界诸多设想的投影。

[GHQ对日管理机构组织图]

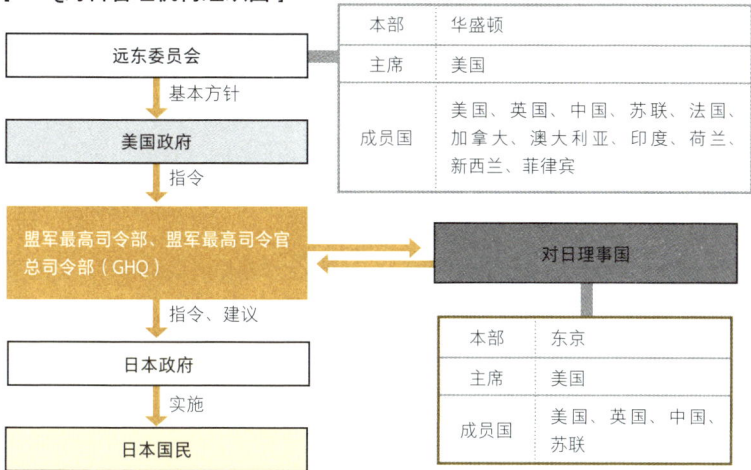

[解散财阀]

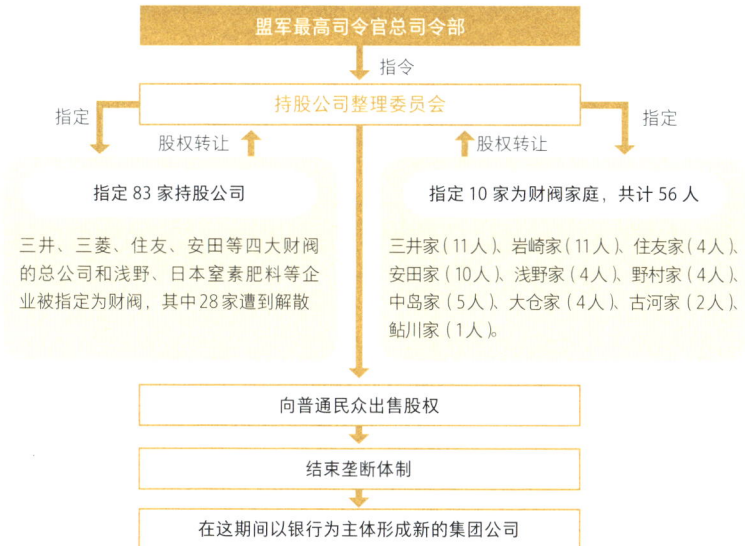

(昭和时代)

朝鲜战争和掉头行驶

美国本想彻底解除日本的武装，然而随着朝鲜战争打响，美国对日的政策也发生了180度的大转弯。这一变化被揶揄为"掉头行驶"。

1945年，为了反省世界大战、守护和平，以战时的同盟国为基础，一个新的国际组织——联合国成立了。国际合作蓬勃兴盛的同时，美苏两国却因为失去了法西斯这一共同的敌人，意识形态的对立日趋尖锐。国际格局逐渐演变为以美国为首的资本主义阵营和苏联领导的共产主义阵营之间的对立，史称"冷战"。

1950年，围绕日本撤出后朝鲜半岛的统治权，金日成领导的朝鲜和李承晚领导的韩国之间爆发战争。金日成在二战时曾带领部队打过游击，李承晚则是在美国避难。几番交战之后，美国出面支持韩国，朝鲜则接受了中国志愿军的支援，于是战事升级，战争规模扩大。在此情况下，美国改变了对日政策，重新武装日本，将其建设为反共的桥头堡。因为宪法禁止日本拥有军队，所以只能给警察配备重型武器，组建警察预备队。该组织后来发展为保安队，并逐渐演变为今天的自卫队。

为了尽快将日本拉进西方阵营，美国在1951年组织召开了旧金山和会。除社会主义国家外，与会各国都与日本签订了《旧金山和约》。由此，除部分地区外，日本恢复了绝大部分领土的主权。美日又签订了《美日安全保障协定》，将美军长期驻守日本合法化。虽然这样让驻日美军成为日本国防政策的核心，节省了国防开支，有利于经济建设；但《美日地位协定》实际上也部分复活了领事裁判权。

［国联与联合国］

国际联盟（总部：日内瓦）		联合国（总部：纽约）
1920年成立，有42个创始成员国。常任理事国为英国、法国、日本和意大利。美国未加入。1934年苏联加入	加盟国家	1945年成立，有51个创始成员国。常任理事国为美国、英国、苏联（后由俄罗斯继承）、中国和法国
国联大会、理事会、行政院、国际法庭、国际劳工组织	主要机构	联合国大会、安全保障理事会（常任理事国拥有否决权）、秘书处、经济社会理事会、国际法庭、托管理事会
全会一致（全体成员国）	表决手续	大会采取少数服从多数（若安理会常任理事国动用否决权则无法议决）
发生国际纠纷时，在理事会报告后的3个月内禁止诉诸战争手段	禁止战争的规定	除经安理会发起（国际维和部队）或成员国出于自卫的需要之外，禁止战争
主要为经济封锁（切断贸易和金融关系、禁止人员往来等）	制裁措施	经济制裁、武力干涉。安全理事会有权派遣国际维和部队

［朝鲜战争］

年表

1950年	6月25日	朝鲜军突然越过北纬38度线，进攻韩国。
	6月28日	朝军占领首尔。
	7月7日	联合国安理会决定派遣联合国部队。
	8月18日	韩国政府避难釜山。
	9月15日	联合国部队在仁川登陆。
	9月26日	联合国部队夺回首尔。
	10月20日	联合国部队攻占平壤。
	10月25日	中国人民志愿军参战。
	12月5日	中朝联军夺回平壤。
1951年	1月4日	中朝联军攻入首尔。
	3月7日	中朝联军占领首尔。
	3月17日	联合国部队夺回首尔。
	4月11日	联合国部队最高司令官麦克阿瑟被免职。
	6月6日	战事在北纬38度线附近胶着。
	7月10日	在开城召开了停战谈判。
	10月	板门店会谈开始。
1953年	7月27日	各方在板门店签署停战协定。

［从警察预备队到自卫队］

年表

1950年8月　发布警察预备队令（警察预备队编员7.5万人）。

1952年4月　海上保安厅下设海上警备队。

1952年8月　设立保安厅。

保安厅
保安队　警察预备队
警备队　海上警备队

1954年3月　根据《美日相互援助协定》强化日本的国防实力。

　7月　设立防卫厅，公布《自卫队法》，建立自卫队及防卫厅。

陆上自卫队13万人
海上自卫队1.5万人
航空自卫队6000人

（昭和时代）

经济快速发展与加入联合国

战后日本百废待兴。幸运的是，日本搭上了朝鲜特需这辆列车，飞速地复兴发展起来，甚至成功举办了盛大的东京夏季奥运会，简直如同做梦一样。

　　战后的日本一片焦土，百废待兴。好容易盼来和平降临的人们将精力倾注于重振生产中，军事上一败涂地的日本于是在经济上重获新生。尤其值得一提的是，拜地理位置所赐，朝鲜战争中日本被选为美国的物资补给地，令朝鲜特需成为日本复兴的一块重要跳板。

　　总而言之，战败后经过短短的15年，到1955这一年，日本早早地恢复到了战前的经济水平。

　　1954年，鸠山一郎内阁提出了"经济自立五年方案"；1957年，岸信介内阁提出了新长期经济计划；此后的1960年，池田勇人内阁提出了国民收入倍增计划。就这样，战后几任首相相继推进发展经济的战略，顺利实现了战后日本经济增长，被称为"经济快速发展期"。在池田内阁时期，日本还成为亚洲第一个加入国际货币基金组织（IMF）和经济合作与发展组织（OECD）的国家。能取得这样令人啧啧称奇的成就，部分应归功于日本人天生的勤劳和精湛的技术。但除此之外，托驻日美军之福，单就人事一项，日本就省下了一笔巨大的国防开销。举国上下经历过战火，几乎被剥夺自由、曾经朝不保夕的国民们，在战争中养成了对恶劣环境非同寻常的忍耐力。这正是战后日本化悲为喜，从废墟中重建城市，重新发展必不可少的因素。

　　1956年，鸠山内阁与苏联政府签订了《苏日共同宣言》，恢复邦交。此举暂时搁置了两国间的北方四岛问题，日本因此获得了苏联等社会主义国家的同意，加入了联合国。

[战后日本经济发展之路]

币原内阁	1945 年 1946 年	GHQ 下令分割持股公司（解散财阀）、第 1 次农地改革 金融经济措施令、物价统制令、设立持股公司整理委员会
第一次 吉田内阁	1947 年	第 2 次农地改革、复兴金融金库开业、颁布《反垄断法》和《过度经济力集中排除法》
第二至第五次 吉田内阁	1948 年 1949 年 1950 年 1951 年 1952 年 1953 年 1954 年	GHQ 发布《经济安定九原则》 实施 "道奇计划"、颁布 1 美元 =360 日元的单一汇率标准、夏普建议书 朝鲜战争爆发。特需经济开始（1950—1955） 解散财阀运动结束 复兴金融金库解散、加入国际货币基金组织（IMF）和世界银行 朝鲜战争签署停战协定 这一年经济不景气
鸠山内阁	1955 年 1956 年	加入关税及贸易总协定（GATT）；经济形势好转，出现 "神武景气"（1955—1957） 《经济白皮书》明确写入 "已非战后时代" 字样；加入联合国
岸内阁	1957 年 1959 年	提高基准利率 提高基准利率
池田内阁	1960 年 1963 年 1964 年	制订国民收入倍增计划 划定 13 个新工业城市、6 个工业特别地区 成为 IMF 第八条款国。加入经济合作与发展组织（OECD）。转型为开放经济体制。东海道新干线开通。举办东京奥运会

岸信介

（1896—1987）

山口县人。与 "满洲国" 干系很深，战后作为战犯关押在东京巢鸭监狱，后被免于起诉而释放。此后作为政治家，为组建自由民主党竭尽心力。两次成为日本首相。安倍晋三为其外孙。

（昭和时代）

现已非战后

1955年，保守势力合并成立了自由民主党。与之相对，革新势力也统一为日本社会党。在此"55年体制"下，日本虽历经曲折，但社会经济实现了较稳定的发展。

1955年，一度分裂为左派和右派的社会党重新统一，成立日本社会党。与之相对，保守势力也统一为自由民主党。于是，以后者为执政党，前者为最大在野党，日本政坛出现了保革对立的"55年体制"。第二年，经济企划厅发布的《经济白皮书》中出现的"现已非战后"成了当年的流行语。日本从此步入稳定发展期。

1960年，岸信介政府企图修订《美日安保条约》，遭到了革新势力的猛烈抨击。学生运动频发，60年安保斗争爆发。在现如今一潭死水的日本社会看来，那场风暴是经济增长期的一朵无果之花。《美日安保条约》修订之后，岸信介政府也因引发社会骚动辞职下台。顺带一提，后来的日本首相安倍晋三正是岸信介的外孙。

1964年，此前曾经因为战争而付之东流的东京奥运会，在跨越了四分之一个世纪后，终于和世人见面了。这是亚洲，也是有色人种第一次举办奥运会。建设体育场馆等奥运设施催生了新的内需，东海道新干线等基础设施建设也纷纷开工。

次年，佐藤荣作内阁签订了《日韩基本条约》，日本和大韩民国恢复邦交。无论是在人道上还是在国际法上，日本与韩国的战后交涉到此均宣告结束。同年，首条高速公路名神高速公路全线开通。在联合国中，日本成为安全保障理事会的非常任理事国。

然而高速发展也带来了许多问题，比如四大公害就是当时严重的社会问题之一。1971年日本政府成立了环境厅，并制定《公开对策基本法》。

［战后政党谱系］

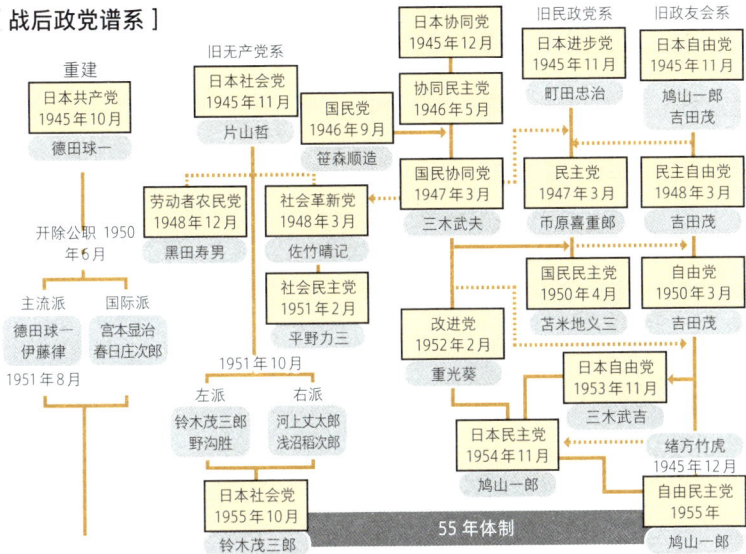

旧民政党系　旧政友会系

重建	旧无产党系		日本协同党 1945年12月	日本进步党 1945年11月	日本自由党 1945年11月

日本共产党
1945年10月

德田球一

日本社会党
1945年11月

片山哲

国民党
1946年9月

笹森顺造

协同民主党
1946年5月

町田忠治

鸠山一郎
吉田茂

开除公职 1950
年6月

劳动者农民党
1948年12月

黑田寿男

社会革新党
1948年3月

佐竹晴记

国民协同党
1947年3月

三木武夫

民主党
1947年3月

币原喜重郎

民主自由党
1948年3月

吉田茂

主流派　国际派

德田球一
伊藤律

宫本显治
春日庄次郎

1951年8月

社会民主党
1951年2月

平野力三

国民民主党
1950年4月

苫米地义三

自由党
1950年3月

吉田茂

1951年10月

左派　右派

铃木茂三郎
野沟胜

河上丈太郎
浅沼稻次郎

改进党
1952年2月

重光葵

日本自由党
1953年11月

三木武吉

日本民主党
1954年11月

鸠山一郎

绪方竹虎
1945年12月

日本社会党
1955年10月

铃木茂三郎

55年体制

自由民主党
1955年

鸠山一郎

［四大公害诉讼］

	熊本水俣病	四日市哮喘	富山痛痛病	新潟水俣病
病状	有机汞化合物中毒导致的神经功能障碍	哮喘等呼吸系统疾病	肾功能衰竭、骨质疏松甚至一咳嗽就骨折了	有机汞化合物中毒导致的神经功能障碍
原因	日本氮肥公司水俣工厂向有明湾排放废水	四日市的石油化工企业排放的废弃物中含有硫氧化物（SOx）	三井金属神冈矿山向神通川里排放废水，造成镉污染	昭和电工鹿濑工厂向阿贺野川排放废水
判决	患者全部胜诉			

［东海道新干线开业］

为召开1964年东京奥运会，日本修建了东海道新干线等基础设施。

（昭和时代）

"现代太阁"田中角荣之功过

在首相位置上坐了长达7年8个月后，佐藤荣作终于卸任了。接任首相的是有着极高支持率，后来被称为"现代太阁"的田中角荣。

1968年，小笠原群岛回归日本；次年，东名高速公路正式开通。1970年，在安保斗争运动间隙，政府动员了6000万余人，成功举办了大阪世博会，接着又于1972年举办了札幌冬季奥运会。以"同本土一样执行无核三原则"为条件，日本收回了冲绳的施政权。佐藤内阁在政绩方面可谓硕果累累。

尽管对首相权势依依不舍，佐藤荣作还是打算把大位让给福田纠夫。不料半路杀出个程咬金，首相宝座最后落到了田中角荣手里。田中最有名的要数他的"日本列岛改造计划"了。他的演讲既幽默又好懂，再加上其平民气质，在当时斩获人心无数，堪称"现代太阁"（太阁即丰臣秀吉，意思是像秀吉一样出身贫寒却出人头地的人），可谓时代的宠儿。田中还有个外号叫"人形推土机"，其人也确实像这个外号一样，行事风风火火。那时，美国的尼克松总统决定改变对华政策，同中华人民共和国建交。田中这边立即访华，发表了《中日联合声明》。时代的浪潮是一步也没落下。

然而在次年，也就是1973年，日本的地价和物价突然飞涨，通货膨胀问题异常严峻，甚至有人惊呼"物价疯了"。其中的原因，一部分是第四次中东战争爆发导致的石油危机，另一部分则是彼时适逢举国陷入大兴土木的浪潮之中。1974年，记者立花隆揭发了田中角荣的受贿问题，令本来被看好能长期执政的田中内阁没过多久就被迫解散了。1976年，另一桩大型贪污受贿案——洛克希德案也败露了。尽管如此，在此后的近10年间，田中依然作为"幕后将军"牢牢把控着日本政坛。

［尼克松冲击］

又称"美元冲击"。1971年7月，美国总统尼克松突然访华，8月又宣布停止美元兑换黄金，令包括日本在内的世界各国都受到了极大冲击。在新的《史密斯协定》下，日元对美元汇率从1美元兑360日元上升至1美元兑308日元。美元本位固定汇率制瓦解。

［第4次中东战争］

1973年10月，以埃及和叙利亚为首的阿拉伯人同以色列之间爆发战争。阿拉伯产油国对支持以色列的国家实施石油禁运。石油输出国组织（OPEC）将原有石油价格一下子提升至原来的4倍，引起了世界性的石油危机。

［田中角荣的功与过］

功

- 紧跟时代潮流，与中华人民共和国建交。

- 对抗官僚政治。

- 改善国家基础设施建设，特别是令地方受益颇多。

- 拉动经济增长，创造了一段时期的繁荣。

- 培养了许多政治家。

过

- 为获得超出政府收入的资金，发行国债。

- 当前日本政府所背负的巨额债务的起点。

- 大兴土木，开支甚大，导致权钱交易问题日趋严重。

- 加速了人口由乡村、地方向城市的集中。

- 把日本变成了依赖基础设施建设拉动经济增长的国家。

- 短时间内建造了大量的公共设施，导致大量设施维护周期严重重叠。

- 长期在幕后控制政治。

（昭和—平成时代）

从贸易摩擦到泡沫经济破裂

日本战胜了石油危机，成长为连美国都忌惮的经济大国。国内地价高涨，股票市场活跃。然而在没有实体经济作为坚实基础的情况下，这样的经济增长只能以悲剧告终。

1980年两伊战争期间，日本再遭石油危机打击，却借此发展出节能省油技术，成功克服了危机。凭借进口资源与原材料、加工后再出口以赚取附加值的生产模式，日本的对外出口远超进口。这令对日贸易赤字严重的美国大为光火，后来演变成两国间的贸易摩擦。日本不得不开放本国市场。

80年代中后期，日本证券市场十分活跃，个人投资之风盛行。日本电信电话公社（简称电电公社）完成民营化，改组为日本电报电话公司（NTT），并公开发行股票。紧接着，股票市场就开始疯涨，土地投资也非常活跃。城市再开发和地方资源开发项目接连不断，相应的土地开发也产生了新的问题。"财能"成为当时的流行语，意思是"投资理财的能力"。日本企业纷纷进军主业之外的领域。这也是之后大量企业破产倒闭、滋生巨额不良资产的原因之一。

1989年，昭和天皇驾崩。日本由此进入平成时代。日本经济在没有实体经济支撑的基础上继续着虚假的繁荣。到了1991年前后，投资市场突然急速萎靡，股价和地价断崖式下跌。泡沫经济破灭了。

在此背景下，政府陷入经济困窘之中，不得不提高消费税，同时为了刺激消费而降低利率。但日本政府没掌握好分寸，一下子将利率降到零，药下得太猛，反而让消费者将钱包捂得更紧了。在经济萧条的情况下强行增税，导致了空前严重的通货紧缩，日本陷入了长达20年的经济低迷，被称为"失去的20年"。

［泡沫经济］

指1986年到1991年的经济繁荣。以超低利率为前提，股价、地价异常高涨，经济规模膨胀超过了实体经济水平。然而，1989年日本央行开始管控金融市场后，股价和地价随之暴跌，经济崩溃。这一时期的经济虚假繁荣被比作泡沫，也就被称为"泡沫经济"。

［日本三大公社的民营化］

日本专卖公社	➡	日本烟草产业（JT）
日本电信电话公社	➡	NTT、NTT 东日本、NTT 西日本、NTT 通信
日本国有铁道	➡	JR 北海道、JR 东日本、JR 东海、JR 西日本、JR 四国、JR 九州、JR 货物

［利率的变化］

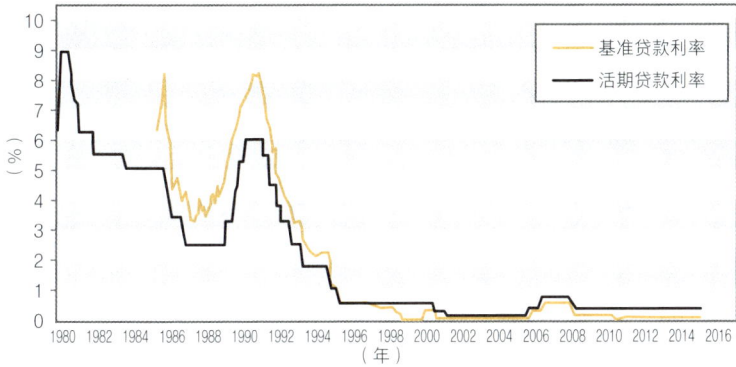

基准贷款利率
活期贷款利率

（%）

1980 1982 1984 1986 1988 1990 1992 1994 1996 1998 2000 2002 2004 2006 2008 2010 2012 2014 2016
（年）

［公定地价的变化］

前年比 百分比

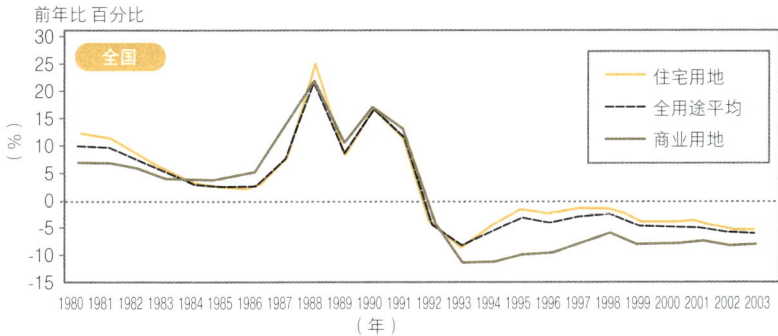

全国

住宅用地
全用途平均
商业用地

（%）

1980 1981 1982 1983 1984 1985 1986 1987 1988 1989 1990 1991 1992 1993 1994 1995 1996 1997 1998 1999 2000 2001 2002 2003
（年）

注：根据内阁府官方网站公布的数据制作

（平成时代）

步入长期萧条

日本当然是个经济大国，但那些令它成为经济强国的美德优点，早已被它的人们抛弃了。等待他们的自然是萧条的命运。

1992年，日本开始实施《大规模零售企业活动法》。一栋栋大型商厦拔地而起。与此同时，那些由零售店铺组成的商业街却渐渐凋零，尤其在地方，更是逐渐难寻踪迹。

利库路特贿赂案、东京佐川急便事件等贪污案件接连发生。国民对政府的不信任达到顶峰，"政治伦理"成为当时的流行语。千夫所指的政治家们却以"选举总是要花钱的"来为自己辩解，并且把问题归咎于中选区制度。这一意见得到了许多国民的认可，后来的选举制改革主要就是把中选区制改为小选区制。小选区制有利于连任和世袭，但选举结果容易受到其他因素干扰，选民易被候选人的选举承诺影响。此后，小泉时期的自民党、小泽及鸠山的民主党、安倍时期的自民党等都从小选区制获益，取得压倒性胜利。国家公务员和学校相继改为周末双休制。"宽松教育"被引入，于是日本人逐渐失去了勤劳苦干的传统品德。

1993年，时隔38年后，自民党又一次失去政权，以细川护熙为首的非自民党联合政权成立。这宣告了"55年体制"的垮台。但受制于联合政权的不稳定性，这一届内阁因削减国民福利的计划而丧失了国民的支持，不得不集体辞职。在小泽一郎的策划下，新生党的羽田孜上台组阁。社会党因被新组阁计划排除在外，转而投向之前势不两立的对手自民党，与其组建联合政权。村山富市成为社会党时隔47年之后的又一首相。此次组阁，堪称尝到权力甜头的社会党和为死抓执政党地位而不择手段的自民党之间一次奇迹般的联袂演出。

[《大规模零售企业活动法》]

以保护个体商店和中小零售企业为目的，限制大型零售企业的法律。于2000年废止，代之以《大规模零售企业立地法》，规定大规模零售企业必须同周边既有的生活环境相适应。

[利库路特贿赂案]

利库路特公司为扩大经营，在正式上市前向政、经、媒体界的实权人物赠送公司股权。利库路特集团的前社长被逮捕并起诉。竹下内阁因此被迫解散。

中选区制

从一个大选区中选出3~5人。同一政党的候选人之间可能出现"同室操戈"。

A党　B党　C党　候补者

选举区

小选区制

从一个小选区中选出1人。

A党　　　　B党
B党　C党　A党　C党

选举区A　　选举区B

较好	反映民意	较差
高	选举成本	低
不容易	政权交替	容易
小政党	对谁有利	大政党

细川护熙
（1938—）
出身于原熊本藩主细川家。历任朝日新闻社勤务、熊本县知事、参议院议员及众议院议员。1993年8月至1994年4月担任日本首相。

村山富市
（1924—）
大分县人。以社会党主席的身份，在自民党、社会党、新党的三党联合政权中担任首相。

（平成时代）

萧条的长期化

自、社两党竟真的成立了联合政权。然而这一时期，日本连遭天灾人祸，在长期萧条中苦苦挣扎。

　　1995年是屋漏偏逢连夜雨的一年。先是阪神大地震，后又发生了奥姆真理教策划的地铁沙林毒气事件。这已令村山内阁疲于应对，其支持率又因将公款放贷给住宅资金专用信贷公司（住专）而再创新低，无奈解散了事。第二年，自民党的桥本龙太郎登上首相宝座。社会党就此一蹶不振，就算更名为社会民主党也无济于事。

　　1996年，日本"金融大爆炸"（金融体制改革）开始，推行的政策主要是放松管制。然而，对习惯了由大藏省"保驾护航"的日本金融机构来说，宽松却是承担不起的自由。失去了组织之后，日本经济也迷失了方向，企业一个接一个被外资吞并。

　　此时在日本，北海道拓殖银行与山一证券接连倒闭。城市商业银行、老牌证券公司的破产，令普通国民都认识到日本经济的停滞并非暂时性问题，而是有更深刻的原因。这边为应对少子老龄化问题颁布了《护理保险法》；那厢的地球温室效应问题却同样迫在眉睫。没有一点正能量。唯一看起来像是朝阳产业的就是IT市场了。随着手机、个人电脑和互联网的普及，IT泡沫如浪潮一样迎面涌来。

［金融大爆炸］

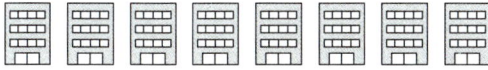

大量金融机构整齐划一地提供标准化服务。

金融大爆炸
（大规模金融体制改革）

改革后加入

XX便利店　某某超市

将中小金融机构整合为大型金融集团。放款金融市场准入，便利店、超市等物流企业和IT公司等也迅速投入金融领域。

［城市商业银行的重组］

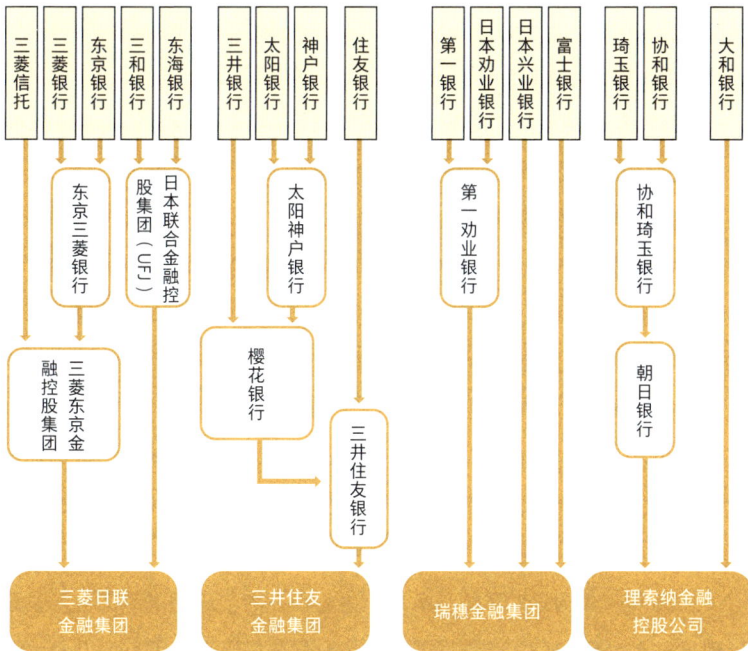

三菱信托　三菱银行　东京银行　三和银行　东海银行　三井银行　太阳银行　神户银行　住友银行　第一银行　日本劝业银行　日本兴业银行　富士银行　琦玉银行　协和银行　大和银行

东京三菱银行　日本联合金融控股集团（UFJ）　太阳神户银行　第一劝业银行　协和琦玉银行

三菱东京金融控股集团　樱花银行　三井住友银行　朝日银行

三菱日联金融集团　三井住友金融集团　瑞穗金融集团　理索纳金融控股公司

（平成时代）

小泉旋风和贫富不均社会的开始

凭着压倒性的支持率，小泉政权横空出世。国民们放弃思考，为政治庸俗化而疯狂的代价，就是不得不接受贫富差距的加大。

IT泡沫在继续。森喜朗连番说错话，被迫下台，接替他的是在国民中拥有超高支持率的小泉纯一郎。单身、发型独特、出版电子杂志、喜爱摇滚乐，如同21世纪象征一样的首相，对邮政民营化异常执着。他在民间发现并启用了竹中平藏，一脚踏入历来不容冒犯的结构改革领域。小泉口齿伶俐的演讲、将反对者通通斥为政敌的小聪明都令国民如痴如醉。在其任期内，政府先后向银行注入资金，放宽派遣制度限制并引入外资。可以说，正是这些政策打开了财富分配失衡的潘多拉之盒。

不过，就算是小泉这样的"红人"，也架不住外务省丑闻及自卫队海外派遣问题（美国"9·11事件"之后）的打击，支持率一度下滑。但不久之后他突访朝鲜，甚至带回了一部分（朝鲜）绑架受害者，成功实现了支持率逆袭，又在2005年"邮政解散"后的总选举中取得压倒性胜利。当时有彻头彻尾的政治"门外汉"，仅凭"小泉门生"的名头就顺利当选。小泉的夙愿，邮政三产业民营化最终得到了实现。

自民党就这样靠着小泉得以复活，小泉还曾放话要打倒自民党。小泉急流勇退之后，安倍晋三、福田康夫和麻生太郎等一干政界名门子弟轮番就任日本首相。除了政界之外，演艺界和体坛的二代们也纷纷在各自的领域崭露头角，子承父业、阶级固化的现象十分引人注目。

2008年，美国爆发了雷曼危机。由此引发的全球经济动荡自然也蔓延到了日本，事态甚至严重到首都地区的列车每周都会因有人自杀而晚点，大量启用派遣员工（临时工）成为令人瞩目的社会现象。

[邮政民营化]

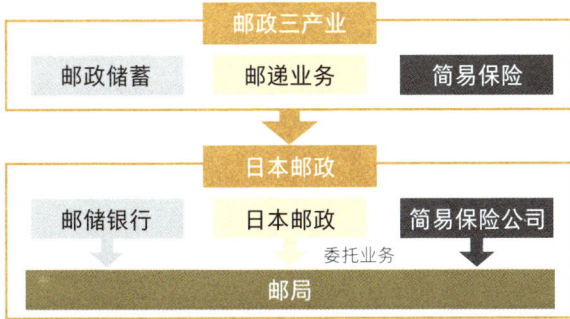

[雷曼危机]

美国大型投行及券商雷曼兄弟公司因经营不善难以维系，申请破产保护。全球股市应声暴跌，引发了世界性的金融危机。

小泉纯一郎

（1942—）

神奈川县人，祖父和父亲都是众议员。曾任福田纠夫秘书，后当选为众议员。2009年，小泉宣布退出政坛。

[正式雇用人员数的下降和非正式雇用人员数的上升]

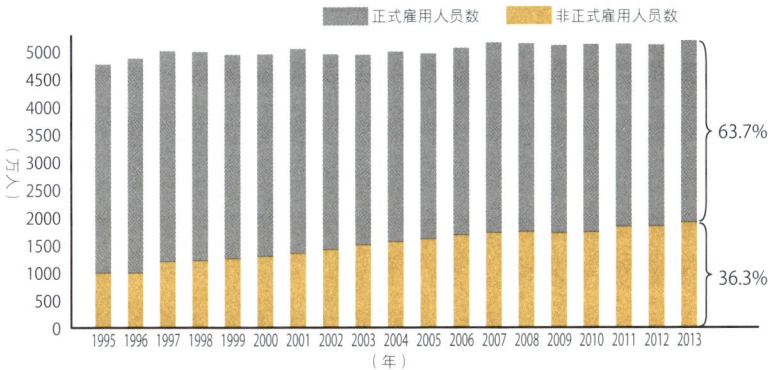

注：根据总务省《劳动力调查：特别调查》《劳动力调查》（详细版）制作

（平成时代）

政权更迭与失望——日本的未来在哪里

因为退休金问题而愤怒的日本国民把希望寄托在了民主党政权身上。然而缺乏政治经验的民主党，竟然在这关头提出了增税，再次与国民的期待背道而驰。

以雷曼兄弟公司破产为开端的经济危机蔓延至整个世界。同一时间，在日本发生了公民年金（养老金）数据丢失事件，不仅致使部分年金缴纳者无法按期领取年金，日本年金体系的漏洞和隐患也由此大白于天下。此外，官员退休后可到原主管领域的相关机构就业这种代表官民差异的潜规则，更加剧了民众的不满。在此形势下，小泽一郎及鸠山由纪夫率领的民主党打出了"破除官僚主义""要人不要大兴土木""高速公路免费化""高校授课免费化"等旗号，收买人心，顺利实现了政权更迭。2009年鸠山内阁成立，其推行的削减公共设施建设开销政策在当时境遇不佳的国民中受到广泛欢迎。但鸠山政权在外交方面的改革过于激进，完全不顾政策延续性，再加上被联合执政的社会民主党和国民新党左右挟持，政策摇摆不定，致使支持率暴跌。话说回来，不论是养老金改革还是公务员体制改革，根本就不是依靠公务员工会支持的政党能推动的。没办法，只好让长于作秀的菅直人继任首相，结果偏又倒霉地遇上了东日本大地震及其次生灾害福岛核事故。菅直人政府因为应对不力受到批判，民主党政权的接力棒又被交到了野田佳彦手中。可是野田竟然在这时候提出要增税！对于一个以普通劳动者为主要支持者的政党而言，增税不就相当于自杀吗？

于是在2012年的总选举中，对民主党倍感失望的选民把票投给了自民党，令后者取得了压倒性胜利，重新夺回政权，前首相安倍晋三再次登上首相之位。无论如何，希望他能凭借安倍经济学令经济复苏，并有能力与崛起中的中韩两国周旋。

［55年体制下的政党谱系］

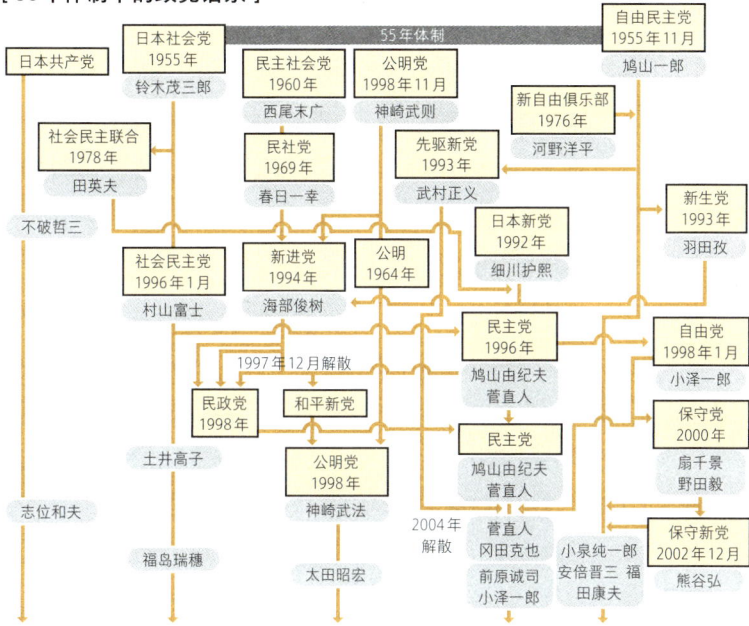

［大地震发生第一时间 福岛第一核电站发出的避难指令］

3月17日美国向在日美国公民发出避难警告。半径80千米。

3月15日发布室内避难警告。半径20～30千米。

3月12日发布避难警告。半径20千米。

3月12日发布避难警告。半径仅10千米。当年12月26日解除。

安倍晋三

1954年出生于东京，外祖父岸信介、父亲都是众议院议员。曾担任父亲的秘书。此后继承父亲衣钵，也当选为众议员。2006年至2007年、2012年（至今）两度担任日本首相。

出版后记

　　这是一本简洁而完备的小书。200余页的篇幅囊括了日本几乎所有历史时期：史前、绳文、弥生、古坟、飞鸟、奈良、平安、镰仓、南北朝、室町、战国、安土桃山、江户、幕末、明治、大正、昭和、平成。每个时期展开若干主题，政治、经济、文化均有涉及。

　　作者写作本书的初衷在于日本国内两种极端的历史观：自虐国家观和日本国史热。前者一味地贬低本国历史，鼓吹"外国的月亮圆"，后者则变成本国历史自豪感的无限膨胀。这两种观点没有本质差别，都是把"对现状的不满和不安转移到别的时间，又或是别的空间罢了，并没有改变任何问题，也无法改变任何问题"。因此，本书完全立足于"实用"，将关注点放在历史本身，精选日本史不同时期的重要事件，概述源流演变，理清其中的关系，使得读者能够从中受益。

　　为了更直观快速地展现历史的脉络，本书最大的特点是图文结合，图表丰富。每个对开页围绕一个主题事件展开，左侧是文字简要的文字描述，右侧是事件相关的地图、表格、世系图或者年表。既呈现历史的整体面貌，又不乏生动的细节信息。

　　这是一本完全适合中国读者的日本史入门书。

图书在版编目（CIP）数据

超实用的日本史 / （日）后藤武士著；舒静敏译
. -- 北京：九州出版社，2021.5
ISBN 978-7-5108-9579-1

Ⅰ.①超… Ⅱ.①后… ②舒… Ⅲ.①日本—历史—
通俗读物 Ⅳ.① K313.09

中国版本图书馆 CIP 数据核字 (2020) 第 179440 号

著作权合同登记号 图字：01-2020-5935
审图号：GS（2021）1963 号

超实用的日本史

作　　者	［日］后藤武士 著　　舒静敏 译
出版发行	九州出版社
地　　址	北京市西城区阜外大街甲 35 号 (100037)
发行电话	（010）68992190/3/5/6
网　　址	www.jiuzhoupress.com
电子信箱	jiuzhou@jiuzhoupress.com
印　　刷	北京盛通印刷股份有限公司
开　　本	889毫米×1194毫米　　　32 开
印　　张	7
字　　数	157 千字
版　　次	2021 年 5 月第 1 版
印　　次	2021 年 5 月第 1 次印刷
书　　号	ISBN 978-7-5108-9579-1
定　　价	58.00 元